Emma Eberlein O. F. Lima
Samira A. Iunes

Falar... Ler... Escrever...

PORTUGUÊS

Um Curso Para Estrangeiros

Glossário Alemão

E.P.U.

EDITORA PEDAGÓGICA
E UNIVERSITÁRIA LTDA.

Elaboração do glossário alemão:
Textdesign — Büro für interkulturelle Kommunikation

Dados Internacionais de Catalogação na Publicação (CIP)
(Câmara Brasileira do Livro, SP, Brasil)

Lima. Emma Eberlein O. F.
Falar... Ler... Escrever... Português. Um curso para estrangeiros : glossário alemão
Emma Eberlein O. F. Lima, Samira A. Iunes
São Paulo : EPU, 2000.

Bibliografia
ISBN 85-12-54340-X

1. Português - Estudo e ensino - Estudantes estrangeiros 2. Português - Vocabulários, glossários etc. - Alemão I. Iunes, Samira A. II. Título.

00-3168 CDD- 469.824

Índices para catálogo sistemático:
1. Português para estrangeiros 469. 824

Inhaltsverzeichnis

ISBN 85-12-**54340**-x

E. P. U. - **Telefone** (0++11) 3849-6077 - **Fax.** (0++11) 3845-5803
E-Mail: vendas@epu.com.br **Site na Internet:** http://www.epu.com.br
Rua Joaquim Floriano, 72 - 6º andar - conjunto 65/68
04534-000 São Paulo - SP

Impresso no Brasil Printed in Brazil

Vorwort

Als Teil des Lehrwerks für Portugiesisch als Fremdsprache **Falar... Ler... Escrever PORTUGUÊS** erschließt das vorliegende Glossar dem Lernenden den Wortschatz des Kursbuchs und des Arbeitsbuchs. Das Glossar ist kein Ersatz für ein Wörterbuch: Die Übersetzung ins Deutsche konzentriert sich auf die durch den Kontext im Lehrwerk bestimmte Bedeutung.

Die portugiesischen Substantive wurden mit dem Artikel versehen, bei den auf –ão endenden Substantiven ist zusätzlich die Endung im Plural angegeben. Redewendungen und idiomatische Ausdrücke wurden im Rahmen des Möglichen durch Entsprechungen in der deutschen Sprache wiedergegeben.

Die Einträge sind den Lektionen zugeordnet, in denen die Wörter verwendet werden. Innerhalb der Lektionen werden die Wörter in der Reihenfolge ihrer Verwendung aufgeführt. Jede Lektion bietet zunächst die Wortliste des Kursbuchs, im Anschluss daran die Einträge aus den Texten des Arbeitsbuchs.

Erläuterungen zu Wörtern, deren Verwendung und kultureller Hintergrund für ausländische Lernende von besonderer Bedeutung sind, finden sich in Kästchen. Sie bieten eine erste Einführung in die brasilianischen Sitten und Gebräuche und erschließen darin den tieferen Sinn von Text und Kontext.

Unidade 1

pág. 1

Como vai?

	bom	gut
o	dia	Tag

Begrüßungsformeln

Bom dia!	Guten Morgen! Guten Tag! *Begrüßung vom Aufstehen bis 12 Uhr mittags*
Boa tarde!	Guten Tag! *Begrüßung von 12 Uhr mittags bis Einbruch der Dunkelheit*
Boa noite!	Guten Abend! *Begrüßung ab Einbruch der Dunkelheit* Gute Nacht! *Verabschiedung*

como	wie
vai → ir	gehen
Como vai?	Wie gehts?
Como vai o senhor?	Wie geht es Ihnen?

Anredeformen

o senhor, os senhores	Sie *förmliche Anrede von Männern*
a senhora, as senhoras	Sie *förmliche Anrede von Frauen*
você, vocês	du, ihr *formlose Anrede*

Die Anrede você, vocês *–ein Personalpronomen der 3. Person– wird in Brasilien unter Bekannten und gegenüber gleichaltrigen und jüngeren Gesprächspartnern verwendet.*

Die brasilianischen Umgangsformen sind, was die Anrede betrifft, nicht immer eindeutig. Nicht selten wird jemand, den man mit o senhor/a senhora *anredet, unabhängig von seinem Alter Wert darauf legen, mit* você *angeredet zu werden. Dieser Wunsch wird normalerweise vom Angeredeten mitgeteilt. Besteht der Gesprächspartner hingegen auf der förmlichen Anrede* o senhor/a senhora, *soll eine Grenze in der Beziehung aufrechterhalten werden. Zu beachten ist andererseits, dass die Anrede* você *einen älteren Gesprächspartner oder Menschen in gesellschaftlich höherer Position verletzen kann, wenn sie von diesem als Respektlosigkeit oder Anbiederung ausgelegt wird. Die Entscheidung für* você *oder* o senhor/a senhora *setzt demnach ein gewisses Fingerspitzengefühl voraus.*

	bem	gut *Adverb*
	obrigado/a	Danke

Wer zu Dank verpflichtet ist sagt obrigado. Obrigado *ist das Partizip von obrigar – verpflichten. Daher wird zwischen der weiblichen und der männlichen Form unterschieden:*

obrigado	*wird von Männern,*
obrigada	*von Frauen verwendet.*

	sentar-se	sich setzen, Platz nehmen
	é → ser	sein
	novo	neu
o	engenheiro	Ingenieur
	O senhor é...?	Sind Sie...?
	sou → ser	sein
	sim	ja
	não	nein
o	nome	Name
	seu	sein, ihr, Ihr
	Como é seu nome?	Wie heißen Sie?
	de onde	woher
	eu	ich
	Eu sou de Ouro Preto	Ich bin aus Ouro Preto
	mas	aber, jedoch
	morar	wohnen
	onde	wo
	no = *em + o*	im
o	centro	Mitte, Mittelpunkt, Zentrum
a	cidade	Stadt
	não	nein, nicht
a	avenida	breite Straße, Prachtstraße
a	Avenida Paulista	*Straßenname in São Paulo, Zentrum der Handels- und Finanzwelt Brasiliens*

Avenida Paulista – diese Prachtstraße, das Wahrzeichen von São Paulo, ist heute die zentrale Achse des Bankenviertels. Hochhäuser haben längst die prächtigen Stadthäuser der "Kaffeebarone" und die Villen der Einwanderer verdrängt, die als Industrielle zu Reichtum gelangt waren.

	aqui	hier
	estão → estar	sein
	meus	meine
os	documentos	Papiere
	Ótimo!	Prima! Sehr gut!
	começar	anfangen, beginnen
	hoje	heute
	mesmo	gleich
	bom, boa	gut *Adjektiv*

a	sorte	Glück, Schicksal
	Boa sorte!	Viel Glück!

Você é de São Paulo?

	Oi!	Hallo!
a	secretária	Sekretärin
	deste = *de* + *este*	von diesem, dieses
	departamento	Abteilung
	chamar	rufen
	chamar-se	heißen

Muito prazer

	diretor	Direktor
	Seu	Herr – *Kurzform zu senhor*
	este	dieser
	muito	viel, sehr
	prazer	Vergnügen, Genuss
	Muito prazer!	Freut mich, *Sie kennen zu lernen*! Angenehm!
o	médico	Arzt

pág. 2

o	professor	Lehrer, Professor

wird unterschiedslos für alle Lehrenden gebraucht – vom professor de samba *bis zum* professor universitário.

o/a	estudante	Schüler, Student
o	italiano	Italiener
o	país, -es	Land, Länder
a	cidade	Stadt
a	rua	Straße
	no Brasil	in Brasilien
	em São Paulo	in São Paulo
a	exceção (-ões)	Ausnahme
	na rua	in der Straße
	nos Estados Unidos	in den Vereinigten Staaten
	de São Paulo	aus São Paulo
	do Japão	aus Japan
	da França	aus Frankreich

pág. 3

Onde?		**wo**
o	livro	Buch
o	armário	Schrank
o	escritório	Büro, Arbeitszimmer
a	chave	Schlüssel
a	porta	Tür
o	carro	Wagen, Auto
a	gaveta	Schublade
a	mesa	Tisch
a	carteira	Brieftasche, Portemonnaie

o	bolso	Tasche eines Kleidungsstücks, z. B. Hosentasche, Jackentasche
a	bolsa	Handtasche
o	paletó	Jackett
os	óculos	Brille
	adivinhar	erraten
pág. 4 o	plano	technische Zeichnung, Plan, Vorhaben
a	sala	Zimmer, Raum
o/a	presidente	Vorsitzender, Präsident
o	dinheiro	Geld
a	firma	Firma
o	cofre	Panzerschrank, Safe
o	banco	Bank –*Parkbank und Kreditinstitut*
a	banca	Kiosk, Stand, z. B. Zeitungs-, Obst-, Blumen-
o	estacionamento	Parkplatz
a	escola	Schule
o	cliente	Kunde – *auch Patient von Ärzten, Zahnärzten;* *Klient, Mandant von Rechtsanwälten* *Kunde von Geschäften mit gehobenem Sortiment*
o	freguês	Kunde *einfacher Geschäfte des täglichen Bedarfs wie Bäckerei, Zeitungskiosk, Kneipe*
o	consultório	Praxis
os	documentos	Dokumente, Unterlagen
a	fábrica	Fabrik

ser – estar

Die portugiesische Sprache verfügt über zwei Verben für das deutsche "sein".

ser *bezeichnet einen dauerhaften*
estar *einen vorrübergehenden Zustand*

Sou alemão.	Ich bin Deutscher.
Estou cansado.	Ich bin müde.

	morar	wohnen
o/a	carioca	*Einwohner der Stadt* Rio de Janeiro, *Hauptstadt des Bundesstaates Rio de Janeiro.*
o	mineiro	*Einwohner des Bundesstaates* Minas Gerais, *Hauptstadt* Belo Horizonte

o/a paulista — *Einwohner des Bundesstaates*

São Paulo. Die Einwohner der Stadt *São Paulo*, die zugleich Hauptstadt des Bundesstaates ist, werden *paulistanos* genannt.

as férias	Ferien, Urlaub	
o amigo	Freund	
bonito	schön, hübsch	
o curso	Lehrgang, Kurs	pág. 6
amanhã	morgen	
o apartamento	Wohnung	
falar	sprechen	
entrar	eintreten, betreten	
perguntar	fragen	
o filho	Sohn, Kind	
a filha	Tochter	
No aeroporto		pág. 7
o aeroporto	Flughafen	
o hospital	Krankenhaus	
a praia	Strand	
a montanha	Berg, Gebirge	
o hotel	Hotel	
gostar de	etwas mögen	
a importação (-ões)	Einfuhr, Import	
a exportação (-ões)	Ausfuhr, Export	
a cidade industrial	Industriestadt	
cada	jeder, jede, jedes	pág. 8
a imagem	Bild	
corresponder	entsprechen	
a frase	Satz	
qual	welcher, welche, welches	
a televisão (-ões)	Fernsehen	
às 8 horas	um 8 Uhr	
o filme	Film	

Livro de Exercícios
Unidade 1

conferir	prüfen	pág. 9
preencher	ausfüllen	
a lacuna	Lücke	
a empresa	Unternehmen, Betrieb	
a colaboração (-ões)	Zusammenarbeit	
a arquitetura	Architektur	
a gramática	Grammatik	
modificar	(ab-) ändern, modifizieren	pág. 10
correto	richtig, korrekt	
realizar	ausführen, durchführen	

	o	cotidiano	Alltag, Alltagsleben
pág. 11	a	automatização (-ões)	Automatisierung
	o	instituto	Institut
	o	urbanismo	Städtebau
		gravar	aufnehmen
pág. 13	a	conservação (-ões)	Erhalt, Bewahrung

Unidade 2

A cidade

pág. 9

	vir	kommen
	Venha comigo!	Komm mit!

vir – ir

Vir bezeichnet das Mitkommen und das Herkommen an denjenigen Ort, an dem sich der Sprecher aufhält.

Ir bezeichnet das Hingehen an einen Ort, an dem sich der Sprecher nicht aufhält.

Você vai ao centro?	Gehst du in die Stadtmitte? *Der Sprecher befindet sich nicht in der Stadtmitte.*
Você vem ao centro?	Kommst du in die Stadtmitte? *Der Sprecher befindet sich in der Stadtmitte.*
Ele vai ao centro.	Er geht in die Stadtmitte = *dahin*
Ele vem ao centro.	Er kommt in die Stadtmitte = *hierher*

	mostrar	zeigen
	para	für, nach, in, zu, um zu – *in Richtung auf*
	para você	für dich, dir
	onde	wo
	para onde	wohin
	primeiro	zuerst, erster
	vamos → ir	gehen
o	ônibus	Bus
	ir de ônibus	mit dem Bus fahren
	ponto de ônibus	Bushaltestelle
	há → haver	*es gibt*

ali — dort –*in mittelbarer Nähe des Sprechers*

Die portugiesische Sprache kennt vier Arten der Ortsbestimmung:

aqui	– hier	– *bei mir, d. h. da, wo ich mich aufhalte*
aí	– da	– *bei dir, d. h. da, wo du dich aufhältst*
ali	– da	– *nicht weit entfernt*
lá	– da, dort	– *weiter entfernt als ali*

a	esquina	Ecke
	temos → ter	haben
o	tempo	Zeit, *auch* Wetter
	ir a pé	zu Fuß gehen
	andar	gehen
	também	auch
	veja → ver	sehen
	Veja!	Sieh mal! Schau mal!

	esta	diese
a	parte	Teil
	velho	alt – Menschen und Dinge
	nesta = *em* + *esta*	auf dieser
a	calçada	Bürgersteig
o	correio	Post
	naquela = *em* + *aquela*	auf jener
	lá *	dort – *weiter entfernt vom Sprecher*
a	prefeitura	Rathaus
o	cinema	Kino
o	prédio	Gebäude
	antigo	alt – *nur Dinge*
a	estação	Bahnhof
a	estação rodoviária	Busbahnhof
o	subúrbio	Vorstadt
	tem → ter	haben
	quatro	vier
	andar	Stockwerk, Etage
	moderno	modern
	cinco	fünf
o	ano	Jahr

Pedindo uma informação

	pedir	bitten, bitten um, fragen nach
a	informação	Auskunft, Information
	por favor	bitte
	Pois não!	Ja bitte! Aber natürlich!

> pois não
> *Mit* pois não *wird eine Bitte nicht etwa abgeschlagen.* Pois *não ist eine höfliche Erwiderung mit der Bedeutung: Wir können gar nicht anders, als Ihrer Bitte entsprechen.*

pág. 10

	meu	mein
	av.	*Kurzform von* avenida

> a av. das Bandeiras — Straße der Bandeiras
> *Die* bandeiras *–wörtlich Fähnlein– waren Expeditionstrupps, die vor allem im 17. Jahrhundert von* São Paulo *aus auf der Suche nach Bodenschätzen und als Sklavenjäger (Jagd nach Indianern um sie als Sklaven zu verwenden) in das Landesinnere vordrangen.*

> **7 de setembro**
> *Am 7. September feiert Brasilien seine Unabhängigkeit von Portugal im Jahr 1822.*

	completar	vervollständigen, ergänzen
o	marido	Ehemann

* - ver comentário na página 13

o	meio-dia	Mittag	
	ao meio dia	mittags, zur Mittagszeit	
	para casa	nach Hause	
a	bicicleta	Fahrrad	pág. 11
o	trem, -ns	Zug, Eisenbahn	
o	carro	Auto	
o	avião (-ões)	Flugzeug	
o	táxi	Taxi	
o	metrô	Untergrundbahn, U-Bahn	
o	navio	Schiff	
	aí *	da – *in der Nähe des Angesprochenen*	pág. 12
	muita atividade	viel Betrieb	
o	posto de gasolina	Tankstelle	
	quinze	fünfzehn	
a	farmácia	Apotheke	
o/a	turista	Tourist	
o/a	dentista	Zahnarzt	
a	casa	Haus	pág. 13
	grande	groß	
	simpático	sympathisch	
	visitar	besuchen	pág. 14
o	museu	Museum	
a	cerveja	Bier	
a	casa de praia	Strandhaus	
	rápido	schnell	
a	região (-ões)	Gegend, Region	
	famoso	berühmt	
	aberto	offen	
	no banco	auf der Bank	
	oito	acht	
o	cheque	Scheck	
o	cartão (-ões) de crédito	Kreditkarte	
o	azar	Pech, Unglück	
Que azar!			pág. 16
	Ai!	Aua! Au!	
	meu, minha	mein, meine	
a	cabeça	Kopf	
o	pé	Fuß	
	Que azar!	Was für ein Pech! So ein Pech!	
	Desculpe!	Entschuldigung!	
	nada	nichts, Nichts	
	Não foi nada!	Macht nichts!	
a	oficina	Werkstatt	
a	mulher	Frau	
o	trabalho	Arbeit	

	Portuguese	German
	interessante	interessant
o	problema	Problem
	pequeno	klein
o	parque	Park

Ao telefone

	Portuguese	German
	ao telefone	am Telefon
	Alô!	Hallo!
	De onde fala?	Wer spricht? Wer ist da?
a	companhia	Gesellschaft
o	papel, (-éis)	Papier
o	doutor	Doktor

Generell werden Ärzte, Zahnärzte und Rechtsanwälte in Brasilien mit doutor angeredet. Die Anrede wird auch als Zeichen der Ehrerbietung gegenüber gesellschaftlich höhergestellten Personen verwendet. Der akademische Titel Dr. wird in Brasilien nicht verwendet.

	Portuguese	German
	atender	bedienen, betreuen
	agora	jetzt
	de manhã	morgens, am Vormittag
	sempre	immer
	mais	mehr
	tarde	spät
	mais tarde	später
	até	bis
	logo	bald, gleich
	Até logo!	Auf Wiedersehen! Auf Wiederhören!
	atender o telefone	ans Telefon gehen, Anrufe entgegennehmen
	atender a porta	die Türe öffnen
pág. 17	escrever	schreiben
	pouco	wenig
	comer	essen
	vender	verkaufen
	aprender	lernen
	beber	trinken
	responder	antworten
	receber	bekommen, erhalten, empfangen
a	carta	Brief
	comprar	kaufen
	conversar	sich unterhalten

pág. 18 **Na praça**

	Portuguese	German
	usar	verwenden, nutzen, benutzen
	verbo	Tätigkeitswort, Verb
	correr	laufen
o	operário	Fabrikarbeiter
o	guarda	Wachmann, Wächter

o	pipoqueiro	Popkornverkäufer	pág. 19
o	cachorro	Hund	

Uma cidade pequena

	ficar	sich befinden
sich befinden		– *O Banco do Brasil fica naquela esquina.*
werden		– *Eu fico contente quando recebo amigos.*
bleiben		– *Ele vai ficar aqui até o domingo.*

o	interior	Inland, Landesinneres

praça — Platz

Die zentrale praça ist vor allem in den Kleinstädten Brasiliens der Mittelpunkt des gesamten städtischen Lebens.

a	igreja	Kirche
a	praça da igreja	Kirchplatz
a	loja	Laden, Geschäft
o	bar	Kneipe
a	padaria	Bäckerei
a	noite	Nacht, Abend
	à noite	abends, nachts
as/os	moças/moços	*unverheiratete* junge Frauen/Männer
	encontrar	treffen, finden
	encontrar-se	sich treffen
	conversar	sich unterhalten
a	vida	Leben
	calmo	ruhig
	descrever	beschreiben
	considerar	berücksichtigen
os	hábitos	Gewohnheiten
a	população (-ões)	Bevölkerung
	colocar	stellen, bringen
a	ordem	Reihenfolge, Ordnung
	alto	hoch
	um homem alto (estatura)	ein großer Mann

Livro de Exercícios
Unidade 2

	praticar	(aus-) üben, betreiben	pág. 15
a	autoridade	Behörde, Amt, staatliche Stelle, Autorität	pág. 16
	modernizar	modernisieren, erneuern	
a	moto	Motorrad	
o	praiano	Strandbewohner	pág. 17
	entregar	abliefern, übergeben	

o	quiosque	Kiosk
	beira-mar	am Meer, Strand-
	encanado	Leitungs-
a	instalação	Einrichtung
a	higiene	Hygiene
	etc.	usw., etc.
o	investimento	Investition
a	prioridade	Priorität, Vorrecht
a	publicidade	Werbung
	daquele = *de* + *aquele*	von jenem, von diesem
pág. 18 o	cartão (-ões) de visita	Visitenkarte
o	engenheiro-chefe	Chefingenieur
a	apresentação(-ões)	Vorstellung
	abaixo	unten, nachstehend
a	videoteca	Videothek
a	drogaria	Drogerie
a	perfumaria	Parfümerie
a	mercearia	Gemischtwarenhandlung *(Käse, Aufschnitt, industrialisierte, Backwaren, Getränke)*

Unidade 3

No restaurante

pág. 21

o	restaurante	Restaurant
	Você está com pressa?	Hast du es eilig?
	Por quê?	Warum?
	querer	wollen
	almoçar	zu Mittag essen
	agora	jetzt, nun
a	fome	Hunger
	Estou com fome.	Ich habe Hunger. Ich bin hungrig.
	perto	nahe, in der Nähe
	aqui perto	hier in der Nähe
	Boa idéia!	Gute Idee!
	Como vamos até lá?	Wie kommen wir dorthin?
	claro	klar, natürlich
	quanto	wie viel
a	gente	wir, man (auch Leute, Menschen)
	sentar	setzen
	livre	frei
	no canto	in der Ecke
	pedir	bestellen, bitten, fragen nach
	talvez	vielleicht
a	salada	Salat

os legumes — Gemüse

Für Blattgemüse –Blattkohl und Salat– wird die Bezeichnung verduras *verwendet. Andere Gemüsesorten heißen* legumes.

	depois	danach, später
a	carne	Fleisch
a	batata	Kartoffel
a	coisa	Sache
a	mesma coisa	das gleiche
	tomar	nehmen, trinken
a	sede	Durst
	poder	können
a	sobremesa	Nachtisch
	Que tal...?	Wie wäre es mit...?
o	sorvete	Speiseeis
	quente	warm, heiß

o cafezinho

Meist stark gesüßter kleiner Kaffee, den man in Brasilien fast immer und nahezu überall aus Mokkatassen, Wassergläsern oder Plastikbechern trinken kann. *Als Zeichen der Verbundenheit bietet man Freunden und Kunden stets einen* cafezinho *an und lädt sie damit zu einem Gespräch ein.*

o	garçom	Kellner
a	conta	Rechnung
	A conta, por favor.	Die Rechnung bitte.
	caro	teuer
	mas	aber

a gorjeta — Trinkgeld

Die Bedienungspauschale ist im vielen Restaurants nicht im Preis inbegriffen; dennoch ist ein Trinkgeld üblich. Normalerweise lässt man etwa 10 % des Rechnungsbetrags als Trinkgeld auf dem Tisch zurück.
Es empfiehlt sich auf der Rechung nachzusehen ob das Bedienungsgeld im Rechnungsbetrag eingeschlossen ist oder auf der Rechnung getrennt ausgewiesen wurde.

	incluído	enthalten
	É mesmo!	Stimmt! Richtig! Genau!
o	troco	Wechselgeld
	certo	richtig, korrekt

Numa lanchonete

	numa = *em + uma*	in einer
a	lanchonete	Schnellimbiss, Imbissstube
	cansado	müde

o suco — Fruchtsaft

Aus den zahlreichen Obstsorten Brasiliens wird eine große Vielfalt unterschiedlicher Fruchtsäfte hergestellt. Neben den allgemein bekannten finden sich viele exotische Früchte, die vor allem aus dem Nordosten stammen.

o	refrigerante	Erfrischungsgetränk
o	bauru	*warmes Sandwich mit Schinken, Käse und Tomate*

pág. 22

	poder	können, im Stande sein, dürfen
	chover	regnen
	ficar em casa	zu Hause bleiben
	fazer	tun, machen
	assistir	zuschauen, teilnehmen
	assistir televisão	fernsehen
	ler	lesen
o	jornal	Zeitung
	escrever	schreiben

	telefonar	anrufen, telefonieren
	estudar	lernen, studieren
o	teste	Prüfung, Test
	amanhã	morgen
	ouvir	hören
a	criança	Kind
	jogar	spielen, werfen
a	carta	Spielkarte, Brief

jogar cartas	Karten spielen

Für das deutsche Verb "spielen" gibt es im Portugiesischen verschiedene Entsprechungen. Die wichtigsten sind:

jogar	*ein Gesellschafts- oder Ballspiel spielen*
brincar	*ein Kinderspiel spielen*
tocar	*Klavier spielen*
representar	*eine Rolle im Theater, Film spielen*

	dormir	schlafen
	chegar	ankommen
	atrasado	verspätet, zu spät
	fumar	rauchen
	sair	weggehen, herauskommen, hinausgehen
	mais cedo	früher, eher
	discutir	streiten, diskutieren
o/a	colega	Kollege
	tomar	Flüssiges zu sich nelmen

comer → tomar

pág. 23

tomar	*– nehmen, zu sich nehmen*
tomar água	*– Wasser trinken*
tomar sopa, sorvete	*– Suppe/Eis essen*
tomar um remédio	*– ein Medikament einnehmen*
tomar um ônibus, táxi	*– einen Bus/ein Taxi nehmen*
tomar banho	*– duschen*
tomar chuva	*– nass werden (im Regen)*

	oferecer	anbieten
o	chá	Tee
o	almoço	Mittagessen
	jantar	zu Abend essen
o	jantar	das Abendessen
a	sopa	Suppe
	tomar sopa	Suppe essen
	sem	ohne
	estar sem...	etwas nicht dabei haben, nicht haben
	devagar	langsam
	estar com pressa	es eilig haben
o	endereço	Adresse, Anschrift

	porque	weil, da
o	doce	Süßspeise, Süßigkeit
	mais tarde	später
pág. 24 a	palavra interrogativa	Fragewort, Interrogativpronomen
	como	wie
	por que	warum
	quem	wer
	quando	wann
	onde	wo
	o que	was
	qual (-ais)	welcher, welche, welches
	quanto (-a, -os, -as)	wie viel
	custar	kosten
	grátis	umsonst
	voltar	zurückkehren, zurückkommen
o	domingo	Sonntag
a	profissão	Beruf
o	advogado	Rechtsanwalt
	entrevistar	interviewen
o/a	artista	Künstler
a	pergunta	Frage
	fazer perguntas	Fragen stellen
	cantar	singen
a	música	Musik, Musikstück
o/a	caipira	Landbewohner, *abwertend* Hinterwäldler
a	música caipira	brasilianische Country-Musik

o Tupiniquim

Indio vom Stamm der Tupiniquim –abwertend und/oder selbstironisch *typisch brasilianisch, hinterwäldlerisch.*

o	sábado	Samstag, Sonnabend
	popular	bekannt, beliebt, volkstümlich, populär
	ganhar	verdienen, gewinnen, bekommen
a	luz	Licht
os	efeitos especiais	Spezialeffekte
	comigo	mit mir
	sempre	immer
	último	letzter
o	disco	Platte, Schallplatte
pág. 25 a	qualidade	Eigenschaft, Qualität
	permanente	dauerhaft, andauernd
	temporário	vorübergehend, zeitlich begrenzt
o	deserto	Wüste
	contente	zufrieden
o	copo	Bier-, Wasserglas, Becher
o	cristal	Kristall

a	garagem	Garage	
	frio	kalt	
o	frio	die Kälte	
o	cozinheiro	Koch	
o	estrangeiro	Ausländer	
a	posse	Besitz	
o	tempo cronológico	chronologische Zeit	
a	primavera	Frühling	
o/a	jornalista	Journalist	
o	cargo	berufliche Stellung, Funktion	
a	religião	Religion	
o	católico	Katholik	
o	partido	Partei	
	político	politisch	
o/a	socialista	Sozialist	
o	verão	Sommer	pág. 26
o/a	especialista	Fachmann	
	feliz	glücklich	
o	irmão (-ãos)	Bruder	
o	protestante	Protestant	
	prático	praktisch veranlagt, praktisch	
o	aluno	Schüler, Lerner (Grundschule bis Universität)	
o/a	comerciante	Kaufmann, Händler	
a	taça	Weinglas, Pokal	
o	fotógrafo	Fotograf	
o	clube	Club, Verein	
	nervoso	nervös	
	Eu vou bem!	Mir geht es gut.	
a	expressão	Ausdruck, Wendung	pág. 27
	estou com fome	ich habe Hunger, ich bin hungrig	
	estou com frio	mir ist kalt, ich friere	
	estou com sede	ich habe Durst, ich bin durstig	
	estou com calor	mir ist warm/heiß	
	estou com sono	ich bin müde, schläfrig	
	estou com pressa	ich habe es eilig	
	estou com dor de cabeça	ich habe Kopfschmerzen	

Um rapaz cabeludo

o	rapaz	junger Mann	
	cabeludo	langhaarig, haarig	
	horror	Entsetzen, Schauder, Abscheu	
	Que horror!	Wie entsetzlich!	
	cortar	schneiden	
o	cabelo	Haar	

	o jantar	Abendessen
	o barbeiro	Herrenfriseur, Barbier
	fechado	geschlossen
	fechar	schließen
	então	dann
pág. 28	antes de	*zeitlich* vor
	depois de	*zeitlich* nach
	pensar	denken, nachdenken
	(às)cinco horas	um fünf Uhr
	acabar	beenden, zu Ende bringen
	o/a chefe	Chef
	o feriado	Feiertag
	conhecer	kennen, kennen lernen
	o aperitivo	Aperitif
	o café da manhã	Frühstück
	a reunião	Sitzung, Besprechung, Treffen
	o jornal	Zeitung

Um baile a fantasia

o baile	Ball, Fest
a fantasia	Verkleidung
o baile a fantasia	Maskenball

> Nossa!
> *Ausruf des Erstaunens oder Erschreckens, Kurzform von* Nossa Senhora – *Mutter Gottes*

	quanta gente	Wie viel Leute!
	esquisito	sonderbar, seltsam, komisch (hat immer negativen Beigeschmack
	olhar	schauen, gucken
	Olhe!	Schau mal! Guck mal!
	o chinês	Chinese
	o japonês	Japaner
	o espanhol	Spanier
	o alemão	Deutscher
	feio	hässlich
	a mulher	Frau
	o homem	Mann
	engraçado	lustig, witzig
	o cabeludo	Langhaariger
pág. 29	o animal	Tier
	azul	blau
	o lápis	Bleistift
	inglês	englisch
	o mês	Monat
	a cor	Farbe
	fácil	leicht ↔ *schwierig*
	difícil	schwierig

	gentil	freundlich, zuvorkommend, aufmerksam
	infantil	kindlich, kindisch
	curto	kurz
a	faca	Messer
o	garfo	Gabel
a	colher	Löffel
a	lição	Lektion
	útil	nützlich
o	atlas	Atlas
o	pão	Brot
o	cão (-ães)	Hund, *gebräuchlicher*: cachorro *(m.)*, cadela *(f.)*
a	organização (-ões)	Organisation
a	mão (-ãos)	Hand
o	jardim	Garten
o	barril	Fass
	Puxa!	So etwas! Hoppla!
	confortável	bequem, komfortabel
o	canal	Kanal
a	propaganda	Werbung
	comercial	handels-, gewerblich

Um almoço bem brasileiro pág. 30

a	família	Familie
	preparar	zubereiten, vorbereiten
o	cardápio	Speisekarte, Menüfolge
o	convidado	Gast
	tradicional	typisch, traditionell

> Caipirinha
> *Der brasilianische Aperitif schlechthin aus Limonen, Rohrzucker, gestoßenem Eis und Zuckerrohrschnaps – höchst erfrischend und hochprozentig.*

a	entrada	Vorspeise
o	milho	Mais
	verde	grün
o	prato	Teller
	principal	Haupt-, prinzipiell
o	prato principal	Hauptgericht
o	frango	Hähnchen
	assar	*über offenem Feuer oder im Backofen* braten
a	farofa	*Maniokmehl als Beilage, angebraten mit Speck, Eiern, Kräutern*
as	frutas	Früchte, Obst
	tudo	alles
a	campainha	Klingel
	a campainha toca	Es klingelt

		Português	Deutsch
		receber	empfangen
	o	elemento	Bestandteil, Element
		ao lado	nebenstehend
	a	bebida	Getränk
		finalmente	schließlich, endlich
	o	arroz	Reis
pág. 31	o	feijão	Bohne – *außer grüne Bohnen*
	a	batata	Kartoffel
		fritar	*in Fett* braten
	as	batatas fritas	Pommes Frites
	a	canja	Hühnerbrühe mit Reis
	o	ovo	Ei
	o	ovo frito	Spiegelei
	o	bife	Steak
	a	salada	Salat
	o	tomate	Tomate
	o	queijo	Käse
	a	goiabada	Guavengelee
	o	guaraná	*Erfrischungsgetränk mit Extrakt der Guaraná-Frucht*
	a	couve	Blattkohl

a Feijoada

Brasilianisches Nationalgericht: Eintopf aus schwarzen Bohnen, Dörrfleisch, Würsten, Schweinespeck, Schweineohren, -schwänzen und -knien, der mit gedünstetem Blattkohl, Orangenscheiben und Farofa serviert wird. In fast allen Restaurants in Brasilien kann man mittwochs und samstags als Mittagessen eine feijoada *bestellen. Die* feijoada *wird auch bei Familienfeiern wie Geburtstagen gern gegessen.*

		Português	Deutsch
	o	molho	Soße
	a	laranja	Orange, Apfelsine
pág. 32		explicar	erklären, erläutern
		riscar	durchstreichen
		ser diferente	anders sein
	a	água	Wasser
	a	janela	Fenster

o canto — Ecke

Für das deutsche Wort *Ecke* *gibt es im Portugiesischen zwei Entsprechungen:*

o canto – *die vier Ecken eines Raumes*
a esquina – *die Straßenecke*

		Português	Deutsch
	a	comida	Essen
		talvez	vielleicht

Livro de Exercícios
Unidade 3

a	cena	Szene	pág. 21
a	bola	Ball	
a	pimenta	Pfeffer	
	mexicano	Mexikaner	
o	camarão	Krabbe	
	cozinhar	kochen	
a	figura	Bild, Zeichnung	
o	canto	Ecke	pág. 22
o/a	gerente	Geschäftsführer	pág. 23
o	sabor	Geschmack	pág. 24
o	chucrute	Sauerkraut	
	saboroso	lecker, schmackhaft	
o	bacalhau	Stockfisch	
	acolhedor	einladend, gastlich	
o	garção, garçom	Kellner	
	delicioso	köstlich	
a	aguardente	Branntwein, Schnaps	
	funcionar	geöffnet sein, in Betrieb sein, funktionieren	
o	horário	Uhrzeit, Öffnungszeit, Stundenplan	
o	singular	Singular	pág. 25
a	embaixada	Botschaft	
	terminar	(be-) enden	
a	hospedagem	Unterbringung	
a	comida / cozinha caseira	Hausmannskost, *hier kocht die Chefin selbst*	
	caseiro	hausgemacht	
a	especialidade	Spezialität	
o	lazer	Freizeit, Freizeitangebot	
a	vizinha	Nachbarin	
o	cartão de crédito	Kreditkarte	
a	abelha	Biene	
a	rã	Frosch	
a	galinha, o galo	Henne, Hahn	
o	boi, a vaca	Ochse, Kuh	
o	pássaro	Vogel	
a	cabra	Ziege	
o	bode	Ziegenbock	
o	macho, a fêmea	Männchen, Weibchen	
o	tigre	Tiger	
o	vôo	Flug	
o	pântano	Moor, Sumpf	

pág. 26

a	coruja	Eule
o	tucano	Tukan
a	arara	Ara
a	onça	Leopard
o	veado	Hirsch
o	javali	Wildschwein
o	cabrito	Böckchen
a	cabrita	Zicklein
a	ovelha	Schaf
o	tamanduá	Ameisenbär
o	tatu	Gürteltier
o	pato	Ente
a	zebra	Zebra
o	jumento	Esel
o	pombo	Taube
o	burrico	kleiner Esel, Eselchen
o	rato	Ratte
a	lagartixa	Eidechse
a	tartaruga	Schildkröte
o	coelho	Kaninchen
o	carneiro	Hammel, Schafbock

Unidade 4

Procurando um apartamento

pág. 33

	procurando um apartamento	auf Wohnungssuche
	procurar	suchen
	perto do centro	in der Nähe des Zentrums
	alugar	mieten
o	quarto	Schlafzimmer
a	sala	Wohnzimmer
a	cozinha	Küche
o	banheiro	Badezimmer
a	área de serviço	Hauswirtschaftsraum
o	anúncio	Anzeige
	estar à venda	zu verkaufen sein
	longe de	weit entfernt von
	preferir	vorziehen

Um negócio da China

o	negócio	Geschäft
a	China	China
o	negócio da China	tolles Geschäft
o	terreno	Grundstück
	Ubatuba	*beliebtes Strandbad im Bundesstaat São Paulo*
o	preço	Preis
	ótimo	sehr gut, optimal
	a gente	wir, man
	às vezes	manchmal
	achar	finden
	ajudar	helfen
o	móvel (-eis)	Möbelstück
o	jornaleiro	Zeitungsverkäufer
o	vinho	Wein
	entender	verstehen

pág. 34

Begriffe und Abkürzungen aus Immobilienanzeigen
(s.a. Kursbuch, S. 34 + 5.45)

	à parte	separat, getrennt
o	aluguel	Miete
	amplo	großzügig, geräumig
a	babá	Kindermädchen
a	copa	Essecke, Esszimmer, in dem die Familie die Mahlzeiten einnimmt

a cozinha	Küche
a divisória	Zwischenwand, Trennwand
ensolarado	sonnendurchflutet
o estilo colonial	Kolonialstil
a face	Seite
o fiador	Bürge
o fone	Telefon
a frente	Vorderseite
a grade	Gitter
imediato	unmittelbar, direkt, geradewegs
a laje	Estrichboden
o mar	Meer
o pavimento	Stockwerk, Etage
o plantão	Bereitschaftsdienst
o proprietário	Eigentümer
reversível	umkehrbar
a rouparia	Wäschekammer
a suíte	Schafzimmer mit Bad, Suite
superior	oberer
o térreo	Erdgeschoss
tranqüila	ruhig
urgente	dringend, eilig
o uso	Nutzung, Benutzung
a varanda	Terrasse, Veranda
a vista	Blick
a. serv.= área de serviço	Hauswirtschaftsraum
alg. = aluga	zu vermieten
ambs. = ambientes	Räume
área serv. = área de serviço	Hauswirtschaftsraum
banhs. = banheiros	Toiletten
belo	schön
c/ vista = com vista	mit Blick
c/arms. = com armários embutidos	mit Einbauschränken
ch. = chaves c/ o zelador	Schlüssel beim Hausmeister
chur. = churrasqueira	eingebauter Grill
copa-coz.= copa-cozinha	Küche mit Essecke
coz. = cozinha	Küche
desp. = despensa	Speisekammer
dir. prop. = direto do proprietário	direkt vom Eigentümer
dorm. = dormitório	Schlafzimmer
escrit. = escritório	Arbeitszimmer

f. = fone	Telefon
gar. = garagem	Garage
gdes. = grandes	groß
jar. inverno = jardim de inverno	Wintergarten
lav. = lavabo	Gäste-WC in der Nähe des Wohnzimmers
liv. = living	Wohnzimmer
pav. = pavimentos	Stockwerke
pisc. = piscina	Schwimmbad
próx. = próximo	in der Nähe von
qts. = quartos	Schlafzimmer
reform. = reformado	renoviert
s/jantar = sala de jantar	Esszimmer
sl. = sobreloja	Mezzanin, Zwischengeschoss
sls. = salas	Wohnzimmer, Raum
tr. = tratar	handeln, behandeln

a	champanhe *francesa*	Sekt, *Champagner*	pág. 35
o	salário	Lohn, Gehalt	
a	festa	Feier, Fest	
	ontem	gestern	
	substituir	ersetzen	
	no ano que vem	nächstes Jahr	
	ler	lesen	pág. 36
a	seção	Teil, Abschnitt, Sektion	
a	seção esportiva	Sportteil	
	inteiro	ganz	
	saber	wissen	
a	reportagem	Reportage	
	todo mundo	alle, jeder	
o	artigo	Artikel	
	o tempo todo	die ganze Zeit	
o	contrato	Vertrag	
	querer	wollen	pág. 37
	lugar	Ort	
	diferente	anderer	
	impossível	unmöglich, nicht möglich	
	por causa	wegen, aufgrund	
a	poluição (-ões)	Verschmutzung, Umweltverschmutzung	
	abrir	öffnen	
o	guarda-chuva	Regenschirm	
	preferir	vorziehen, lieber mögen	pág. 38
o	teatro	Theater	

pág. 38 **Um lugar agradável**

	agradável	angenehm
o	bairro	Viertel, Stadtteil
o	bairro residencial	Wohnviertel
	mudar	umziehen, ändern
	mudar de idéia	die Meinung ändern
	contente	zufrieden
	famoso	berühmt
	atrás	hinter
o	colégio	Schule
	Que bom	Wie gut!
	absurdo	absurd
	pena	Mühe
	valer	wert sein
	Valeu a pena!	Es hat sich gelohnt!
	pegar	holen, nehmen, ergreifen
	levar	bringen
	aceitar	annehmen

O dia da mudança

a	mudança	Umzug
o	caminhão (-ões)	Lastwagen
a	cadeira	Stuhl
o	sofá	Sofa
a	poltrona	Sessel
a	cama	Bett
	ao meio-dia	mittags
o	lanche	Imbiss, Brotzeit
pág. 39	perto de	in der Nähe von
	na frente de	vor *örtlich*
	dentro de	in
	em cima de	auf
	longe de	weit entfernt von
	atrás de	hinter
	fora de	außerhalb von
	embaixo de	unter
	ao lado de	neben
	em volta de	um... herum
	entre	zwischen
	observar	ansehen, beobachten
o	desenho	Zeichnung
pág. 40 a	sala de estar	Wohnzimmer
a	mesinha	Beistelltisch
a	televisão (-ões)	Fernseher
a	estante	Regal
o	tapete	Teppich
o	vaso	Blumenvase

a	flor	Blume	
o	quadro	Bild	
a	planta	Plan, Grundriss	
	distribuir	verteilen	
	abaixo	unten	
a	posição (-ões)	Position	
o	criado-mudo	Nachttisch	
a	cômoda	Kommode	
a	polícia	Polizei	pág. 41
a	caixa	Kiste, Kasten	
	guardar	sichern, aufbewahren, aufheben	
Onde estão eles?			
o	irmão (-ões)	Bruder	
a	irmã	Schwester	
o	pai	Vater	pág. 42
a	mãe	Mutter	
	ler a mão	aus der Hand lesen	pág. 43
o	futuro	Zukunft	
o	namorado	Freund – *nicht irgend ein, sondern ihr Freund*	
a	namorada	Freundin – *nicht irgend eine, sondern seine Freundin*	
o/a	parente	Verwandter	
os	irmãos	Geschwister, Brüder	
	claro	hell	
a	bolsa	Tasche, Handtasche	pág. 44
a	máquina	Maschine	
	limpo	sauber	
	precisar de	etwas brauchen, nötig haben	
a	gasolina	Benzin	
o	supermercado	Supermarkt	
	Onde morar?		pág. 45
	agitado	unruhig, hektisch, stressig	
o	desenvolvimento	Entwicklung	
o	bairro comercial	Geschäftsviertel	
	tranqüilo	ruhig	
	distante	entfernt	
	acontecer	geschehen, sich ereignen	
	reescrever	umschreiben, neu schreiben	

Livro de Exercícios Unidade 4

	descansar	ausruhen	pág. 31
	irresponsável	unverantwortlich, verantwortunglos	pág. 32
o	térreo	Erdgeschoss	

	amassado	verbeult
a	responsabilidade	Verantwortung, Verantwortlichkeit, Haftung
o/a	manobrista	Einweiser *auf Parkplätzen*
pág. 33	anotar	aufschreiben, notieren
	perceber	merken, bemerken
	funcional	praktisch, funktional
	embutido	eingebaut, Einbau-
	inscrever-se	sich einschreiben
	matricular-se	sich einschreiben
a	queixa	Beschwerde, Klage
	reparar	(be-) merken
a	reclamação (-ões)	Beschwerde, Reklamation
	regressar	zurückkehren, zurückkommen
	notar	merken, bemerken
	celebrar	feiern
o	começo	Anfang, Beginn
o	significado	Bedeutung
	paralelo	parallel
o	conto	Geschichte, Erzählung, Märchen
o	sobrenome	Nachname
a	lista	Liste
o	terror	Schrecken, Terror
o	código	*hier* Postleitzahl
	postal	postalisch, Post-
pág. 34	contemporâneo	zeitgenössisch
a	bilheteria	Kasse
o	cais	Kai
o	porão	Keller
a	cantina	Kantine
	debaixo	unter
o	guichê	Schalter
o	embarque	Beladung, Einstieg
o	desembarque	Entladen, Aussteigen
	alimentício	Nahrungs-
o	repouso	Ruhe, Stille
	determinar	bestimmen, festsetzen
o	guarda-sol	Sonnenschirm
	sentado	sitzend
a	areia	Sand

o surfista
Surfer – in Brasilien stets Wellenreiter, Windsurfer werden als windsurfistas bezeichnet, Ihre Sportart heißt windsurfe.

a	onda	Welle

Unidade 5

pág. 47

	No jornaleiro	
o	jornaleiro	Zeitungsverkäufer
	no jornaleiro	am Zeitungsstand
	passar	vorbeigehen, vorbeikommen
	trocar	wechseln

o Estado — *bedeutende Tageszeitungen in Brasilien = O Estado de São Paulo, Folha = A Folha de São Paulo, O Globo, O Jornal do Brasil, Correio Brasiliense.*

a	banca	Stand, Kiosk
a	hora	Stunde
	meio	halb
	já	schon, bereits
	quase	fast, nahezu, quasi
	Está bem.	Gut, ok, in Ordnung
	ao lado	nebenan, nebenstehend
a	página	Seite
	sobre	über
o	sucesso	Erfolg
o	estádio	Stadion
	saber	wissen
	Eu não sabia	Das habe ich nicht gewusst
	Que pena!	Wie schade!
	perder	verpassen, verlieren, versäumen
	preocupar-se	sich sorgen, kümmern
	abril	April
	Assim não dá!	
	Assim não dá!	So geht es nicht!
	há dez anos	seit zehn Jahren
	tentar	versuchen
a	chance	Chance, Gelegenheit
a	entrada	Eintrittskarte
o	show	Show, Konzert – *U-Musik*
	sentir	fühlen
	Sinto muito	Tut mir leid
	mais	mehr
	não mais	nicht mehr
	Como assim?	Wie bitte? *Ausdruck der Empörung* Wieso?
	algum, -a	irgend ein, -e
	alguns, algumas	einige, einige wenige
	pouco	wenig

	Pois é.	Tja, so ist das nun einmal. Genau.
	partir	abfahren
	toda noite	jeden Abend, jede Nacht
	decidir	entscheiden
o	sócio	Gesellschafter
	dividir	teilen
o	minuto	Minute
	passado	vergangener, voriger
o	mês	Monat
a	roda	Rad
o	pneu	Reifen
	desistir, desistir de	aufgeben, verzichten auf
	esquecer	vergessen
o	silêncio	Stille, Ruhe
	insistir	bestehen auf, drängen
o	irmão mais velho	älterer Bruder
pág. 50	por	durch
	passar por	vorbei- , durchfahren
a	ponte	Brücke
	rápido	schnell
	pela porta da frente	durch die Vordertür
	mas	jedoch, aber
o	presente	Geschenk
a	notícia	Nachricht
a	ilustração (-ões)	Zeichnung, Illustration
pág. 51 o	shopping center	Einkaufszentrum
o/a	motorista	Fahrer, Chauffeur
o	caminho	Weg
o	viaduto	Überführung, Hochstraße
o	Shopping Center	Einkaufszentrum
a	banca de flores	Blumenstand
a	estrela	Stern
a	estrela d'alva	Morgenstern
	zero	null
	um, uma	eins (*m., f.*)
	dois, duas	zwei (*m., f.*)
	três	drei
	quatro	vier
	cinco	fünf
	seis	sechs
	sete	sieben
	oito	acht
	nove	neun
	dez	zehn
	onze	elf

	doze	zwölf
	treze	dreizehn
	quatorze	vierzehn
	quinze	fünfzehn
	dezesseis	sechzehn
	dezessete	siebzehn
	dezoito	achtzehn
	dezenove	neunzehn
	vinte	zwanzig
	vinte e um, uma	einundzwanzig (*m.*, *f.*)
	vinte e dois, duas	zweiundzwanzig (*m.*, *f.*)
	vinte e três	dreiundzwanzig
	vinte e quatro	vierundzwanzig
	trinta	dreißig
	trinta e um, uma	einunddreißig (*m.*, *f.*)
	quarenta	vierzig
	cinqüenta	fünfzig
	sessenta	sechzig
	setenta	siebzig
	oitenta	achtzig
	noventa	neunzig
	cem	hundert
	cento e um, uma	einhunderteins (*m.*, *f.*)
	duzentos, duzentas	zweihundert (*m.*, *f.*)
	trezentos, trezentas	dreihundert (*m.*, *f.*)
	quatrocentos, quatrocentas	vierhundert (*m.*, *f.*)
	quinhentos, quinhentas	fünfhundert (*m.*, *f.*)
	seiscentos, seiscentas	sechshundert (*m.*, *f.*)
	setecentos, setecentas	siebenhundert (*m.*, *f.*)
	oitocentos, oitocentas	achthundert (*m.*, *f.*)
	novecentos, novecentas	neunhundert (*m.*, *f.*)
	mil	tausend
	dois mil, duas mil (pessoas)	zweitausend (*m.*, *f.* – *zweitausend Personen*)
	um milhão	eine Million
	dois milhões, dois milhões de pessoas	zwei Millionen (*zwei Millionen Personen*)
o	prato	Teller
o	bolo	Kuchen
o	biscoito	Keks

	o	pastel	Teigtasche
		extenso	ausführlich
		escrever por extenso	ausschreiben
pág. 52		Meses do ano	Monatsnamen
		janeiro	Januar
		fevereiro	Februar
		março	März
		abril	April
		maio	Mai
		junho	Juni
		julho	Juli
		agosto	August
		setembro	September
		outubro	Oktober
		novembro	November
		dezembro	Dezember
		Dias da semana	Wochentage
	o	domingo	Sonntag
	a	segunda-feira	Montag
	a	terça-feira	Dienstag
	a	quarta-feira	Mittwoch
	a	quinta-feira	Donnerstag
	a	sexta-feira	Freitag
	o	sábado	Samstag, Sonnabend
		Estações do ano	Jahreszeiten
	a	primavera	Frühling, Frühjahr
	o	verão	Sommer
	o	outono	Herbst
	o	inverno	Winter
		anteontem	vorgestern
		ontem	gestern
		hoje	heute
		amanhã	morgen
		depois-de-amanhã	übermorgen
		nascer	geboren werden, auf die Welt kommen
	o	Natal	Weihnachten
		maior	größer
		o maior	der größte, der höchste
	o	feriado	Feiertag
pág. 53	a	agenda *de trabalho*	Terminkalender
		de manhã	vormittags
		de tarde / à tarde	nachmittags *vor Einbruch der Dunkelheit*
		de noite / à noite	abends *nach Einbruch der Dunkelheit*
	o	arquiteto	Architekt
	a	decoração(-ões)	Raum-, Innenausstattung

	organizar	ordnen, planen, organisieren	
a	rainha	Königin	pág. 54
o	rei	König	
	ter muito trabalho	viel zu tun haben	
	a que horas	um wie viel Uhr	
	Que horas são agora?	Wie spät ist es jetzt?	
Na estação		Am Bahnhof	pág. 55
	São oito horas em ponto.	Es ist genau acht Uhr	
o	meio-dia	Mittag	
a	meia-noite	Mitternacht	
à	uma hora	Um ein Uhr	
às	duas horas	Um zwei Uhr	
ao	meio-dia e meia	Um $^1/_2$ eins (Uhr)	
às	duas e meia	Um $^1/_2$ drei (Uhr)	
o	acidente	Unfall	
Fazendo compras			pág. 57
	depressa	schnell *Adverb*	
o	vestido	Kleid	
	daqui a meia hora	in einer halben Stunde	
	amarelo	gelb	
	elegante	elegant	
a	vendedora	Verkäuferin	
a	blusa	Bluse	
	branco	weiß	
	combinar	zusammenpassen	
a	saia	Rock	
	preto	schwarz	
Roupas femininas			pág. 58
a	roupa feminina	Damenbekleidung	
o	conjunto	Kostüm	
o	blaiser, *blazer, blêizer*	Blazer	
	marfim	elfenbeinfarben	
o	casaco	Mantel	
	beige	beige	
o	xadrez	kariert	
	pink	rosa, pink	
	vermelho	rot	
	florido	geblümt	
o	short	kurze Hose, Shorts	
a	sandália	Sandale	
o	colete	Weste	
a	camiseta	T-Shirt, Unterhemd	
	listrado	gestreift	

a	calça	Hose
	comprido	lang
o	chapéu	Hut
o	jeans	Jeans
o	tênis	Turnschuhe
o	sapato	Schuhe
	creme	cremefarben
	marrom	braun *–für die Haar- und Augenfarbe braun wird nicht* marrom *sondern* castanho *verwendet.*
	verde escuro	dunkelgrün
	cinza	grau
	pêssego	pfirsichfarben
	roxo	lila
pág. 59	**Roupas masculinas**	
a	roupa masculina	Herrenoberbekleidung
a	roupa social	Geschäfts-, Gesellschaftskleidung
a	jaqueta	Jacke
o	boné	Mütze
a	meia	Socke, Strumpf
a	bermuda	Bermuda
a	camisa	Hemd
o	terno	Anzug
a	gravata	Krawatte
o	paletó	Jackett
	Acessórios	**Accessoires**
a	meia-calça	Strumpfhose
a	camisola	Nachthemd
o	pijama	Schlafanzug
o	cetim	Satin
o	cinto	Gürtel
o	sutiã	Büstenhalter
a	calcinha	Damenslip
a	cueca	Unterhose
	Na praia	
o	biquíni	Bikini
a	sunga	Badehose
o	maiô	Badeanzug
os	óculos de sol	Sonnenbrille
a	canga	Strandtuch
a	capa de chuva	Regencape, Regenmantel
pág. 60	chique	schick
	cruzar	kreuzen
as	palavras cruzadas	Kreuzworträtsel
a	diferença	Unterschied

pág. 61

a	malha	Strickware
	vestir	kleiden, anziehen
	fora	außen, draußen
	fora de	außerhalb von etwas
	comum	gewöhnlich, normal
o	botão (-ões)	Knopf
	simples	einfach
a	indústria	Industrie
	mau, má	schlecht, böse *Adjektiv*
a	solução (-ões)	Lösung
a	viagem	Reise
a	paisagem	Landschaft
a	reportagem	Reportage
a	idade	Alter
o	sistema	System
o	poema	Gedicht
o	idioma	Sprache
o	sintoma	Symptom
o	crachá	Namensschild
o	mapa	Landkarte
o	clima	Klima
	branco	weiß
	preto	schwarz

In Brasilien spricht man normalerweise von den Weißen als brancos *und den Schwarzen als* pretos. Negro *bezieht sich ausschließlich auf die Rasse und ist stärker als* preto.

	amarelo	gelb
	vermelho	rot
	azul	blau
	verde	grün
	cor-de-rosa	rosa
	laranja	orange
	marrom	braun
	cinza	grau
o	vizinho	Nachbar
a	revista	Zeitschrift
a	fotografia	Fotografie
	competente	tüchtig, kompetent
a	folha	Blatt
a	(tele-) novela	Seifenoper – *Fortsetzungsserie im Fernsehen*
o	cantor	Sänger
	amável	liebenswert, liebenswürdig, nett
	conservador	konservativ

	otimista	optimistisch
	triste	traurig
o	escritor	Schriftsteller
	longo	lang
a	estrada	Landstraße
o	rio	Fluss
	estreito	eng, schmal
	escuro	dunkel
a	língua	Sprache, Zunge
pág. 63 a	banana	Banane
	tranqüilo	ruhig
o	telefonema	Anruf, Telefongespräch
a	oportunidade	Gelegenheit
o	limão (-ões)	Limone
a	opinião	Meinung
	jovem	jung, jugendlich
	nervoso	aufgeregt, nervös
	brilhante	glänzend, brillant
	azedo	sauer
	contrário	gegenteilig, Gegenteil
	único	einzigartig, einzig

pág. 64 **Rios do Brasil**

	durante	während
o	documentário	Dokumentarfilm
a	pororoca	Gegenströmung
o	encontro	Treffen, Aufeinandertreffen, Zusammentreffen
o	mar	Meer
a	construção (-ões)	Bau
a	usina	Kraftwerk
a	*usina* hidrelétrica	Wasserkraftwerk
a	fronteira	Grenze
	grande	groß, großartig, grandios
	inteiramente	ganz, vollständig *Adverb*
	exclusivamente	ausschließlich *Adverb*
a	televisão comercial	Privatfernsehen
a	televisão educativa	*Erziehungsfernsehen (staatliches Fernsehen)*
	apresentar	vorstellen, zeigen
	construir	bauen
a	unidade	Einheit
	nacional	national, inländisch
o	calçadão	Fußgängerzone, Strandpromenade – *Steigerungsform von* calçada *Bürgersteig*
	tirar fotos	Fotos machen

Livro de Exercícios
Unidade 5

	humano	menschlich, human	pág. 35
a	fatura	Rechnung	
o	fabricante	Hersteller, Erzeuger	
	normal	normal	
o	retorno	Rückkehr	pág. 36
	programado	programmiert	
a	operação (-ões)	Operation	
a	rodovia	Überlandstraße	
	estar atrasado	verspätet sein	
	estar adiantado	frühzeitig, vorzeitig	
	na hora	pünktlich	
	daqui a pouco	bald	
	emitir	ausstellen (eine Rechnung, ein Zeugnis)	pág. 37
a	borboleta	Schmetterling	
a	escuridão	Dunkelheit, Finsternis	
o	poeta	Dichter, Poet	pág. 38
	enumerar	aufzählen	
	rosada	rosig, rosa	
	ilustre	berühmt	
o	cirurgião(-ões)-dentista	Zahnarzt, Kieferchirurg	
o	espião (-ões)	Spion	
	cristão (-ãos)	christlich	
	exigente	anspruchsvoll	
o	recorde	Rekord	
	meteorológico	meteorologisch	
o	município	Kommune – *Verwaltungseinheit* Stadt	
	registrar	registrieren	
a	temperatura	Temperatur	
	nevar	schneien	
o	gelo	Eis – *gefrorenes Wasser*	
	encoberto	bedeckt	
	nublado	bewölkt	
a	localização (-ões)	Lage, Ort	
a	fundação (-ões)	Gründung, Stiftung	pág. 39
	positivo	positiv	
	estragar	zerstören	
o	êxito	Erfolg	
o	desgosto	Missfallen, Verdruss	
	fantástico	begeisternd, fantastisch	
a	catástrofe	Katastrophe	
	esplêndido	glänzend, überragend	

	extraordinário	außergewöhnlich, außerordentlich
	fresco	frisch
a	mania	Tick – *befremdliche Eigenart*
o	escândalo	Skandal
a	desgraça	Unglück, Unheil
o	casal	Paar
o	planeta	Planet
a	turma	Gruppe, Klasse
a	parede	Wand
o	maço	Stapel, Bündel
o	refresco	Erfrischung
o	guardanapo	Serviette
o	chuveiro	Dusche

	Parentesco	**Verwandtschaftsverhältnisse**
o	avô	Großvater
a	avó	Großmutter
o	pai	Vater
a	mãe	Mutter
o	filho	Sohn
a	filha	Tochter
o	neto	Enkel
a	neta	Enkelin
o	irmão	Bruder
a	irmã	Schwester
o	tio	Onkel
a	tia	Tante
o	sobrinho	Neffe
a	sobrinha	Nichte
o	primo	Cousin
a	prima	Cousine
o	noivo	Verlobter, Bräutigam
a	noiva	Verlobte, Braut
o	marido	Ehemann
a	esposa	Ehefrau
o	genro	Schwiegersohn
a	nora	Schwiegertochter
o	sogro	Schwiegervater
a	sogra	Schwiegermutter
o	cunhado	Schwager
a	cunhada	Schwägerin

o	barbeador	Rasierapparat
a	panela de pressão	Schnellkochtopf
o	toca-fitas	Kassetten recorder
a	almofada	Kissen

a	prateleira	Bord, Regal
o	cálice	Weinglas
a	toalha	Handtuch
o	travesseiro	Kopfkissen
o	sabonete	Seife, *Stück Waschseife*
o	cassete	Kassette
o	lençol	Bettlaken
a	xícara	Tasse
o	pires	Untertasse
o	papel higiênico	Toilettenpapier
a	travessa	Platte *zum Anrichten von Speisen, auch* Querträger, Gasse
o	talher	Besteck
o	saca-rolha	Korkenzieher
o	detergente	Reinigungsmittel
o	sanitário	Toilette
	é o seguinte	es handelt sich um Folgendes
	seguinte	folgender
	apenas	nur, erst
a	ficha	Karteikarte, Telefonmünze, Wertmarke

pág. 40

Unidade 6

pág. 65 **Retrato Falado**

o	retrato	Portrait, Abbild
o	retrato falado	Phantombild
o/a	policial	Polizist
	assaltar	überfallen
a	casa de jóias	Juweliergeschäft
o	suspeito	Verdächtiger
	mais ou menos	etwa, mehr oder weniger
	gordo	dick
	castanho	braun, brünett – *Augen- und Haarfarbe*
	Cuidado!	Achtung!
	armado	bewaffnet
	perigoso	gefährlich
o	leão (-ões)	Löwe
	Leão de Ouro	Goldener Löwe
a	delegacia de polícia	Polizeirevier
a	polícia	Polizei
o	ladrão (-ões)	Dieb
a	testemunha	Zeuge/Zeugin
	de perto	aus der Nähe
	loiro	blond
	moreno	braun – *Hautfarbe*
o	rosto	Gesicht
	redondo	rund
a	testa	Stirn
o	momento	Augenblick
o	olho	Augen
	empurrar	wegstoßen, schubsen
a	sobrancelha	Augenbraue
	grosso	wulstig, dick ↔ dünn
o	nariz	Nase
	fino	schmal, fein, dünn
a	certeza	Gewissheit
	tenho certeza	da bin ich mir sicher
o	queixo	Kinn
	quadrado	kantig, eckig, viereckig
a	orelha	Ohr
	lembrar-se	sich erinnern
	crespo	kraus
	deixar	lassen, zulassen
	sem tirar nem pôr	haargenau, aufs Haar

	pôr	stellen, legen
	tirar	wegnehmen, entnehmen

Meu tipo ideal

pág. 66

	ideal	ideal
	liso	glatt
	esportista	Sportler
	intelectual	Intellektueller
	magro	schlank, mager
a	voz	Stimme
	suave	sanft, mild
	sonhar com	träumen von
a	sobrancelha	Augenbraue
a	testa	Stirn
o	olho	Auge
o	nariz	Nase
a	bochecha	Wange
o	ombro	Schulter
o	peito	Brust
o	cotovelo	Ellbogen
a	mão	Hand
o	umbigo	Bauchnabel
a	barriga	Bauch
o	dedo do pé	Zehe
o	pé	Fuß
o	cabelo	Haar
a	orelha	Ohr
o	rosto	Gesicht
a	boca	Mund
o	queixo	Kinn
o	pescoço	Hals
o	braço	Arm
as	costas	Rücken
a	cintura	Taille
o	dedo	Finger
o	calcanhar	Ferse
o	joelho	Knie
a	perna	Bein

baixo ↔ alto	tief, klein ↔ hoch, groß
pequeno ↔ grande	klein ↔ groß
direito ↔ esquerdo	rechts ↔ links
largo↔ estreito	breit ↔ schmal
pontudo ↔ oval	spitz ↔ oval
loiro ↔ moreno	blond ↔ braun
fino ↔ grosso	schmal, dünn ↔ breit
jovem, moço↔ velho	jung ↔ alt

		redondo ↔ quadrado	rund ↔ eckig
		liso ↔ crespo	glatt ↔ kraus
		castanho, preto↔loiro	brünett, schwarzhaarig ↔ blond
		branco ↔ preto	weiß ↔ schwarz
		curto ↔ longo, comprido	kurz ↔ lang
pág. 67		novamente	erneut, wieder, von Neuem *Adverb*
		simpático	sympathisch
		antipático	unsympathisch
		inteligente	intelligent
		bobo	dumm, dümmlich
		esportivo	sportlich
		bem-humorado	gut gelaunt, fröhlich
		mal humorado	schlecht gelaunt
		comunicativo	kommunikativ
		aberto	offen
		reservado	zurückhaltend
		fechado	verschlossen
		desembaraçado	ungezwungen, gewandt
		tímido	schüchtern
		moderno	modern
		antiquado	antiquiert
		ativo	aktiv, lebenslustig
		preguiçoso	faul, träge
		otimista	optimistisch
		pessimista	pessimistisch
		desonesto	unehrlich
		honesto	ehrlich
		interessante	interessant
		chato	langweilig, entnervend *–wörtlich* flach
		esperto	schlau, gescheit, listig
		ingênuo	naiv, unbedarft
		fácil	leicht, unkompliziert
		difícil	schwierig, kompliziert
		risonho	fröhlich
		sério	ernst, gewissenhaft
		Chi!	O je!
	o	guarda	Polizist, Wachmann
pág. 69	o	elefante	Elefant
	o	circo	Zirkus
	o	jogo	Spiel
	o	jogador	Spieler
		até o fim	bis zum Schluss
		reconhecer	wiedererkennen

a empregada	Hausangestellte
a empregada	*– Angestellte*
empregados domésticos	*– Hausangestellte, Personal*
Unterschieden wird zwischen:	
empregada (mensalista)	*– Hausangestellte (in Festanstellung) zur Führung des gesamten Haushalts*
cozinheira (mensalista)	*– Köchin (in Festanstellung)*
copeira (mensalista)	*– Serviererin (in Festanstellung)*
arrumadeira (mensalista)	*– Putzhilfe (in Festanstellung)*
babá (mensalista)	*– Kindermädchen (in Festanstellung)*
faxineira (diarista)	*– Putzhilfe, Putzfrau (tageweise)*
motorista (mensalista)	*– Fahrer, Chauffeur (in Festanstellung)*
jardineiro (diarista)	*– Gärtner (tageweise)*

	permitir	erlauben, gestatten	
	nós	wir	pág. 70
	nos	uns	
	eu	ich	
	me	mich	
	esperar	warten (auf), erwarten, hoffen	
	nunca	nie	
	avisar	Bescheid sagen	
o	macaco	Affe	pág. 71
o	rapaz	junger Mann	
a	biblioteca	Bibliothek	
a	sala de espera	Wartesaal, Wartezimmer	
o	programa	Programm	
o	nome	Name	
o	ator, atriz	Schauspieler	
	atravessar	überqueren, durchqueren	
o	relógio	Uhr	
	aprovar	gutheißen, genehmigen, zustimmen	
	acompanhar	begleiten	

Você está doente?

pág. 73

	doente	krank

a dor	Schmerz
wie im Deutschen, kombiniert mit dem betroffenen Körperteil: "de dente", "de cabeça", "de barriga" etc.	

a	febre	Fieber
	Atchim!	Hatschi!
a	farmácia	Apotheke
a	gripe	Grippe
	estou com enjôo	mir ist übel
o	estômago	Magen

a	garganta	Kehle, Schlund

a garganta – Hals – innerer Rachenraum
o pescoço – Hals – äußerer Körperteil

a	perna	Bein
a	tosse	Husten
o	ouvido	Gehör
o	enjôo	Übelkeit
	estar resfriado	erkältet sein
o	resfriado	Erkältung
	ouvir	hören
	demais	zuviel
pág. 74	simular	vortäuschen, vorgeben, simulieren
a	folga	Ruhe, Pause

a folga – Ruhe, Ruhepause
estar de folga, dia de folga – frei haben, freier Tag
o plantão – (Bereitschafts-) Dienst
estar de plantão – (Bereitschafts-) Dienst haben,
dia de plantão – Bereitschaftsstag

o	dia de folga	Ruhetag
	explicar	erklären
	sentir-se	sich fühlen
o	exercício	Übung
o	exercício físico	körperliche Betätigung
o	físico	körperlich, physisch (Erscheinung, Aussehen)
	fumar	rauchen
	passar	verbringen
	passar tempo	Zeit verbringen

Mostre

o	medo	Furcht, Angst
	proteger	schützen, beschützen
pág. 75 o	imperativo	Imperativ
	irregular	unregelmäßig
	Coitado!	Du Ärmster! Der Ärmste
a	ginástica	Gymnastik
a	aula de ginástica	Turnstunde, Sportunterricht
	manter	(bei-) behalten
a	forma	Form
	manter a forma física	sich in Form halten, fit bleiben
o	movimento	Bewegung
	firme	kräftig, fest
	abaixar	senken
	levantar	(er-) heben
	acima	über

	dobrar	biegen, beugen
o	joelho	Knie
a	altura	Höhe
	até a altura dos ombros	bis auf Schulterhöhe
	esticar	strecken
	rápido	schnell
	mais depressa	schneller

pág. 76

	Coragem!	Nur Mut! Auf jetzt!
	controlar	überwachen, kontrollieren
a	respiração	Atmung
	controlar a respiração	regelmäßig atmen
	Agora chega!	Das reicht
	excelente	ausgezeichnet, exzellent
	na mesma hora	gleichzeitig, sofort
	pontual	pünktlich

pág. 77

a	crase	Vokalverschmelzung (*a* + *a* = *à*)
o	coquetel	Cocktail
o	esposo	Ehemann
a	esposa	Ehefrau
	não... nem	weder... noch
o	piano	Klavier
	tocar piano	Klavier spielen
o	chocolate	Schokolade
o	peixe	Fisch
o	leite	Milch

A gravata

pág. 78

a	gravata	Krawatte
a	linguagem popular	Umgangssprache,
a	linguagem correta	Hochsprache, Standardsprache
o	monte	Haufen, Menge, Berg
	gente	Leute
	em ordem	in Ordnung
o	negócio	Sache, Zeug, Geschäft
o	negócio horrível	scheußliches Zeug

Brasília

pág. 79

a	capital	Hauptstadt
	desde	seit
	estar situado	liegen, gelegen sein
o	coração (-ões)	Herz
	enorme	groß, gewaltig, enorm
	tornar	zu etwas machen
a	sede	Sitz
o	governo	Regierung
	federal	Bundes-

	acessível	zugänglich
	ninguém	niemand
o	palácio	Palast
o	planalto	Hochebene
o	Palácio do Planalto	Regierungspalast in Brasília
	isolado	abgeschieden, isoliert
o	funcionário	Angestellte
	público	öffentlicher
o	funcionário público	Angestellter im öffentlichen Dienst, Staatsdiener
	entanto	indessen
	no entanto	jedoch
a	dúvida	Zweifel
a	decisão (-ões)	Entscheidung
	Brasília é uma cidade diferente	Brasília ist eine besondere Stadt
o	plano-piloto	Grundriss
a	base	Grundlage, Basis
o	plano	Plan
o	eixo	Achse
	cruzar-se	sich kreuzen
o	eixo rodoviário	Straßenverkehrsachse
o	eixo monumental	Monumentalachse
o	sentido	Richtung
o	norte	Norden
o	sul	Süden
o	leste	Osten
o	oeste	Westen
	com suas luzes acesas	beleuchtet
	parecer	aussehen wie, scheinen
a	linha	Linie
a	beleza	Schönheit
a	surpresa	Überraschung
a	Praça dos Três Poderes	Platz der drei Gewalten
o	cartão postal (-ões)	Postkarte, *hier* Aushängeschild

o	edifício	Gebäude

o edifício – *hohes Gebäude*
o prédio – *allgemeine Bezeichnung von Gebäuden bis zur Größe eines edifício.*

o	congresso	Kongress
	nacional	national

o	Congresso Nacional	Nationalkongress *Bezeichnung der Gesamtheit von Abgeordnetenhaus und Senat*
o	Supremo Tribunal Federal	Bundesgerichtshof
a	alvorada	*Morgendämmerung*
o	Palácio da Alvorada	Name des Präsidentenpalasts in Brasília
	residir	residieren, wohnen
a	república	Republik
	raro	selten, einzigartig
a	catedral	Dom, Kathedrale
	de longe	von weitem, aus der Entfernung
a	oração (-ões)	Gebet
	mãos postas em oração	zum Gebet gefaltete Hände
o	arco	Bogen
o	ministério	Ministerium
a	relação (-ões)	Beziehungen
o	exterior	Äußeres
o	Ministério das Relações Exteriores	Außenministerium
o	jardim	Garten
o	jardim aquático	Wassergarten
o	resultado	Ergebnis
	trabalho combinado	Zusammenarbeit
a	criação (-ões)	Schöpfung
o/a	urbanista	Städteplaner, Städtebauarchitekt
o/a	paisagista	Landschaftsarchitekt
	comparar	vergleichen
	integrar	einfügen, einordnen
	único	einzigartig
o	mundo	Welt
	realmente	wirklich
a	situação (-ões)	Lage, Situation pág. 80
	geográfico	geografisch
	concordar	zustimmen, übereinstimmen
	examinar	eingehend betrachten, untersuchen
o	porto	Hafen
a	catarata	Wasserfall
o	prédio	Gebäude
a	alfândega	Zoll
o	Prédio da Alfândega	Zollgebäude von Manaus
	centro histórico	Altstadt
a	ópera	Oper
o	arame	Draht

o	calçadão (-ões)	Fußgängerzone, Strandpromenade – *Steigerungsform von* calçada *Bürgersteig*
	tirar fotos	Fotos machen

Livro de Exercícios
Unidade 6

pág. 44		delicado	zerbrechlich, unangenehm, delikat
		treinar	üben, trainieren
	o	juízo	Vernunft, Einsicht
		não ter juízo	unvernünftig/uneinsichtig sein
pág. 45	a	girafa	Giraffe
pág. 46	a	dimensão (-ões)	Ausmaß, Abmessung, Dimension
		enjoar	Übelkeit verspüren, etwas satt haben
	a	pele	Haut
	o	comprimido	Tablette, Dragée
	a	medicina	Medizin
	o	rim	Niere
	o	fígado	Leber
	o	bigode	Schurrbart, Schnauzer, Oberlippenbart
		adoecer	erkranken
	a	ambulância	Krankenwagen
	o	paladar	Gaumen, Geschmack
	a	ferida	Wunde
	o	sangue	Blut
	a	unha	Fingernagel, Fußnagel
		curar	heilen
	o	pulmão (-ões)	Lunge
	a	pílula	Pille
	o	tato	Tastsinn, Takt -*taktvoll*
	a	vacina	Impfung, Impfstoff
	o	lábio	Lippe
		gripado	grippekrank
		pálido	blass
	o	raio X	Röntgenuntersuchung, Röntgenbild
		desmaiar	in Ohnmacht fallen
		ruivo	rothaarig
	o	medicamento	Medikament
		vomitar	erbrechen, sich übergeben
pág. 47	a	enfermeira	Krankenpflegerin, Krankenschwester
	a	reforma	Renovierung, Reform

	repetir	wiederholen
a	fechadura	(Tür-) Schloss
a	lareira	Kamin
	mobiliar	möblieren
o	veneno	Gift
	venenoso	giftig
a	natureza	Natur
a	nação (-ões)	Nation
o	oriente	Osten, Morgenland, Orient
o	ocidente	Westen, Abendland, Okzident
a	maravilha	Wunder
a	imitação (-ões)	Nachahmung, Fälschung, Imitation
a	multa	Bußgeld, Strafe
a	marcha a ré	Rückwärtsgang
o	salto	Sprung

Unidade 7

pág. 81

	Fazendo compras	
a	compra	Einkauf, Kauf
	parece	es scheint, es hat den Anschein
	resolver	beschließen, sich entschließen
	fazer compras	einkaufen
a	seção (-ões)	Abteilung
a	utilidade	Nützlichkeit, Verwendbarkeit
	doméstico	häuslich, Haushalts-
as	utilidades domésticas	Haushaltsbedarf
a	máquina de lavar roupa	Waschmaschine
	lavar	waschen
a	roupa	Wäsche, Kleidung
	quebrar	kaputtgehen, entzweigehen, zerbrechen
o	conserto	Reparatur
	não ter mais conserto	nicht mehr zu reparieren sein
o	modelo	Ausführung, Modell
	secar	trocknen
o	pó	Pulver
	econômico	wirtschaftlich, sparsam
o	sabão em pó (-ões)	Waschpulver
a	verdade	Wahrheit
	É verdade	Stimmt! Wirklich!
a	garantia	Gewährleistung, Garantie
o	fogão (-ões)	Herd
a	geladeira	Kühlschrank
o	microondas	Mikrowelle
a	louça	Geschirr
a	máquina de lavar louça	Geschirrspülmaschine
o	lava-louça	Geschirrspülmaschine – *Kurzform*
	Alguma coisa mais simples	
	simples	einfach
	coisa	Sache, Ding
	alguma coisa mais simples	etwas Einfacheres
o	aparelho	Gerät, Apparat
o	som	Klang
o	aparelho de som	Stereoanlage
a	marca	Marke

	nacional	national, inländisch
	importado	importiert
	último	letzter, neuester
	vários	verschiedene, mehrere, unterschiedliche
os	aparelhos eletrodomésticos	elektrische Haushaltsgeräte
a	conversa	Gespräch, Unterhaltung
o	vendedor	Verkäufer
o	folheto	Prospekt
o	ferro *de passar roupa*	Bügeleisen
a	torradeira	Toaster
a	cafeteira	Kaffeemaschine
a	batedeira	Küchenmaschine
o	liqüidificador	Mixer
o	forninho	kleiner Backofen
o	ventilador	Ventilator
a	televisão (-ões)	Fernsehapparat
	fazer café	Kaffee/Frühstück zubereiten
a	mala	Koffer
o	favor	Gefallen
	dizer até-logo	sich verabschieden
	até logo	bis bald
a	mentira	Lüge
a	opinião (-ões)	Meinung
	parabéns	Glückwünsch
	dar parabéns	beglückwünschen, gratulieren
	rápido	schnell
	devagar	langsam
	menos	*hier* außer
	errado	falsch
a	informação (-ões)	Auskunft
a	explicação (-ões)	Erklärung, Erläuterung
a	gorjeta	Trinkgeld
o	desconto	Rabatt, Nachlass
a	permissão (-ões)	Erlaubnis
o	beijo	Kuss
o	beijinho	Küsschen
	doce	süß
o	açúcar	Zucker
o	fax (-faxes)	Telefax
o	estacionamento	Parkplatz
a	garagem	Garage, Parkhaus
	alguém	jemand, irgendwer, irgendjemand
	ninguém	niemand

pág. 82
pág. 83
pág. 84

o	churrasco	Spießbraten

Heute findet man den churrasco, *den typischen Spießbraten der* Gauchos *aus* Rio Grande do Sul, *dem südlichsten Bundesstaat, in ganz Brasilien. In* Rio Grande do Sul *besitzt fast jeder Haushalt eine Feuerstelle, in der* churrasco *gebraten wird.*
Der churrasco *ist zugleich ein geselliges Beisammensein vor allem an Wochenenden. Man trifft sich gegen Mittag und bleibt bis gegen Abend zusammen, isst und hat sich viel zu erzählen.*
Heute findet man in vielen churrascarias *in ganz Brasilien den* rodízio de churrasco*: Beim* rodízio *bringen die Kellner Spieße mit verschiedenen Fleischsorten an den Tisch, von denen man so viel essen kann, wie man mag. Ergänzt wird die Mahlzeit durch eine reichhaltige Auswahl an Salaten.*

	De nada	Nichts zu danken – *entspricht der Erwiderung „Bitte" im Deutschen*
A prazo ou à vista		
	a prazo	Ratenzahlung
	à vista	Barzahlung
a	linha	Linie
as	linhas modernas	modernes Design, Linienführung
o	motor	Motor
	potente	leistungsfähig, stark, kräftig
	silencioso	geräuscharm, leise, lautlos
o	luxo	Luxus
a	jóia	Schmuck, Schmuckstück
o	plano de pagamento	Finanzierungsplan
a	entrada	Anzahlung, Eingang
o	saldo	Restbetrag, Saldo
a	prestação (-ões)	Rate, Ratenzahlung
	Um momento	Einen Moment
	consultar	nachsehen, befragen
a	tabela	Tabelle, Preisliste
a	forma	Form, Art
a	forma de pagamento	Zahlungsart
	escolher	auswählen
o	juro	Zins
a	data	Datum
pág. 87 a	ordem	Ordnung, Anordnung, Befehl
	acordar	aufwachen
	atrasado	verspätet, zu spät
	Propaganda	
a	propaganda	Werbung
o	cotovelo	Ellenbogen,
	falar pelos cotovelos	reden wie ein Wasserfall
	quieto	schweigsam, still
	acontecer	geschehen

	brigar	sich streiten	
o	namorado	Freund	
	estar com dor-de-cotovelo	eifersüchtig sein	
	experimentar	ausprobieren	
a	pasta de dente	Zahncreme	
a	maravilha	Wunder	
o	milagre	Wunder	
	fazer milagre	Wunder vollbringen	
	perfumar	parfümieren	
o	hálito	Mundgeruch, *hier* Atem	
	trazer	bringen	
a	alegria	Freude	
o	sorriso	Lächeln	
Seis meses depois			
a	felicidade	Glück	
o	padeiro	Bäcker	pág. 88
o	pão (-ães)	Brot	
o	leiteiro	Milchmann	
o	leite	Milch	
o	carteiro	Briefträger	
o	programa de televisão	Fernsehprogramm	
o	telegrama	Telegramm	
a	notícia	Nachricht	
	preocupado	besorgt, in Sorge	
o	gravador	Aufnahmegerät	pág. 89
	quebrado	kaputt, zerbrochen	
	consertar	reparieren	
a	garrafa	Flasche	
	parar	aufhören, unterlassen	
	promover	(be-) fördern	
	não ter pé nem cabeça	weder Hand noch Fuß haben	
	ser o braço direito	die rechte Hand sein	
	raiva	Wut	
	Que raiva!	So ein Mist!	
a	delícia	Vergnügen, Entzücken	
	Que delícia!	Wie lecker/schön/angenehm!	
São Paulo			
o	padre	Pater	
o	jesuíta	Jesuit	
	catequizar	bekehren, religiös unterweisen	
o	índio	Indio	
	alcançar	erreichen	

a	tribo	Stamm
	afastado	entfernt, weit abgelegen
o	litoral	Küste
	subir	hinaufsteigen
a	serra	Gebirgszug, Gebirge
o	planalto	Hochebene
o	nível	Niveau
o	nível do mar	Meereshöhe
o	início	Beginn, Anfang
a	aldeia	Dorf
		aldeia *wird fast ausschließlich für Indio-Dörfer verwendet*
a	posição	Lage
	favorável (-ões)	günstig
a	floresta	Wald
	separar	trennen
	onde	wo
a	vida	Leben
a	colônia	Kolonie
o	século	Jahrhundert
	pouco	wenig
	crescer	wachsen
	a partir	ab, von... an
	no entanto	jedoch
o	habitante	Bewohner, Einwohner
o	imigrante	Einwanderer, Immigrant
	europeu, -éia	Europäer, europäisch
	progredir	Fortschritte machen, vorankommen
o	fator	Faktor
o	progresso	Fortschritt
	intenso	kräftig, intensiv, stark
a	produção	Erzeugung, Produktion
	dever	schulden, verdanken
o	produto	Erzeugnis, Produkt
a	parte	Teil
	desenvolver	entwickeln
a	riqueza	Reichtum
pág. 91	produzir	erzeugen, herstellen, produzieren
o	globo	Welt, Globus
a	face	Seite, Gesicht
	surpreendente	überraschend
pág. 92 o	contraste	Gegensatz, Kontrast

São Paulo da garoa

a	letra	Text, Buchstabe
a	dupla	Duo

a	garoa	Nieselregen
a	terra	Land, Boden, Erde
a	madrugada	Morgengrauen
	ao cair da madrugada	im Morgengrauen
a	campina	Flur, Weide
	verdejante	grünlich schimmernd
	coberto	bedeckt
a	geada	Raureif, Frost

Livro de Exercícios
Unidade 7

o	domicílio	Wohnung	pág. 49
	anexo	Anhang, Anlage	
o	computador	Computer	
	satisfeito	zufrieden	
o	catálogo	Katalog	
	vantajoso	vorteilhaft	
o	frete	Fracht	
a	meia-pensão	Halbpension	pág. 51
a	pensão	Pension	
	ininterrupto	ununterbrochen, durchgehend	
o	buggy	Buggy – *geländegängiges Auto zum Befahren von Strand und Dünen*	
	aéreo	Luft-	
a	programação (-ões)	Programm	
	desorganizado	unorganisiert, ungeordnet	
o	leitor	Leser, Lektor	
a	armadilha	Falle	
o	conteúdo	Inhalt	
o	revendedor	Vertragshändler, Wiederverkäufer	pág. 52
	barulhento	laut, geräuschvoll	
a	geografia	Erdkunde, Geographie	
as	finanças	Finanzen	
o	aço	Stahl	
o	sítio	kleiner Bauernhof, Landhaus in Stadtnähe	
o	empresário	Unternehmer	
a	ilha	Insel	
a	planície	Ebene	
a	chaminé	Schornstein	
a	inflação	Inflation	
o	orçamento	Kostenvoranschlag, Haushaltsgeld	

a	serra	Säge
a	rocha	Fels, Felsgestein
a	técnica	Technik
a	borracha	Gummi, Kautschuk
o	consumidor	Verbraucher, Konsument
o	desemprego	Arbeitslosigkeit
a	ecologia	Ökologie
o	vencimento	Fälligkeit, Ablaufen
pág. 53 a	automação (-ões)	Automatisierung
a	realização (-ões)	Verwirklichung, Realisierung
a	crítica	Kritik
o	resumo	Zusammenfassung
a	transferência	Überweisung, Transfer
	conectar-se	sich einwählen
a	tela	Bildschirm, Leinwand
	independente	unabhängig

Unidade 8

Falando de televisão — pág. 93

	dormir	schlafen	
	acordado	wach	
o	*filme* policial	Kriminalfilm, Krimi	
	antigamente	früher	
a	paciência	Geduld	
a	poltrona	Sessel, Lehnstuhl	
	Por falar nisso	Da wir gerade davon reden	

Não é mais como antigamente

	hoje em dia	heutzutage	
	ainda bem	nur gut	
o	motivo	Grund, Anlass	
	desanimado	mutlos, lustlos	
	sugerir	vorschlagen	
o	imperfeito	Imperfekt	pág. 94
a	situação (-ões)	Situationen	
o	trânsito	Verkehr	
	protestar	sich beschweren, protestieren	
	o telefone toca	das Telefon klingelt	
a	árvore	Baum	pág. 95
a	louça	Geschirr	
	escuro	dunkel	
	apagar	ausschalten, löschen	
	luz	Licht – *allgemein: Strom, wie in* conta de luz – *Stromrechnung*	
	a luz apagou	der Strom fiel aus, das Licht ging aus	
	roubar	rauben, stehlen	
o	barulho	Lärm	
o	barulhão (-ões)	großer Lärm, Mordslärm	pág. 96
	economizar	sparen, einsparen	
	perder	verlieren, verpassen, versäumen	
	gastar	ausgeben, verbrauchen	
	bravo	zornig, wütend	
	reclamar	sich beschweren, reklamieren	
a	idéia	Idee, Meinung	
	mudar de idéia	seine Meinung ändern	
a	festa	Fest, Feier, Party	
o	sucesso	Erfolg	
	aparecer	erscheinen, auftauchen	

		dar certo	klappen, funktionieren
		permitir	zulassen, gestatten, erlauben
		ocupado	besetzt
		sorrir	lächeln
		interromper	unterbrechen
		furioso	wütend, erregt
		diminuir	verringern
	a	velocidade	Geschwindigkeit
		morrer	ausgehen, sterben, absterben
pág. 97		às escuras	im Dunkel
		pôr a mesa	den Tisch decken
	o	serviço	Arbeit, Dienstleistung
	o	detetive	Detektiv
	a	prova	Beweis
	a	polícia	Polizei
		naturalmente	natürlich, selbstverständlich
pág. 98	o	final	Ende
		melhor	besser
		pior	schlechter
		maior	größer
		menor	kleiner
		tão... quanto	(eben-) so... wie
		tanto... quanto	(eben-) so viel... wie
pág. 98	o	lanche	Imbiss
	a	lanchonete	Imbissstube, Kiosk
pág. 100	**Os**	**quindins de laiá**	
	a	tigela	Schüssel
		fundo	tief ↔ *flach*
	a	massa	Teig
	a	forminha	Form
		untado	eingefettet
	a	manteiga	Butter
	o	forno	Backofen
		pronto	fertig
	o	quindim (-ns)	*Süßspeise aus Kokos, Eigelb und Zucker*
		tirar	herausnehmen, entnehmen
		sozinho	allein
	o	perigo	Gefahr
		errar	irren
	a	receita	Rezept
	os	ingredientes	Zutaten
	o	coco	Kokos, Kokosnuss
		ralado	gerieben
	a	farinha	Mehl
	o	trigo	Weizen

a	farinha de trigo	Weizenmehl
a	gema	Eigelb, Eidotter
a	laranjeira	Orangenbaum
a	flor de laranjeira	Orangenblüte
o	preparo	Zubereitung
	juntar	zusammenfügen
	acrescentar	hinzufügen
	adicionar	hinzugeben
	precisar	benötigen, brauchen

pág. 102

a	ajuda	Hilfe
	complicado	schwierig, kompliziert
	casar com	heiraten
a	habilidade	Geschick, Fertigkeit
o	tênis	Tennis
o	objeto	Gegenstand
o	golfe	Golf – *nur Sportart*

pág. 103

	pessoalmente	persönlich
	confiar em	vertrauen
	pensar em	denken an

pág. 104

	balançar	schaukeln, schwanken
	Meu coração balança	Mein Herz schwankt hin und her
a	novidade	Neuigkeit
	cumprimentar	begrüßen

Usos e costumes – Bahia, Ceará, Rio Grande do Sul

pág. 105

	usos e costumes	Sitten und Gebräuche
o	território	Gebiet, Staatsgebiet
	ter razão	Recht haben
	guardar	bewahren
a	época	Zeit, Epoche
a	escravidão (-ões)	Sklaverei

Vom 16. Jahrhundert an wurden über insgesamt 300 Jahre zwischen 3 und 10 Millionen Afrikaner (die genaue Anzahl ist umstritten) als Sklaven nach Brasilien verschleppt.
Die afrikanischen Einflüsse haben Brasilien entscheidend geprägt. Wenn man die Mischlinge unterschiedlichster Hautfarbe einrechnet, stammt fast die Hälfte der brasilianischen Bevölkerung von afrikanischen Sklaven ab. auch im Alltag ist der afrikanische Einfluss überall spürbar, sei es in den Speisen, der Folklore oder der Sprache. In den Zentren der Sklaverei, z. B. im Bundesstaat Bahia, *ist die Bevölkerung bis heute von dunklerer Hautfarbe.*

o	negro	Schwarzer
	segundo	laut, gemäß
a	tradição (-ões) popular	Volksmund

o/a	habitante	Bewohner/Einwohner
	misturar	vermischen
o	culto	religiöser Brauch, Kult
o	candomblé	*afrobrasilianische Religion*
	Iemanjá	*Name der Göttin des Meeres*
	atrair	anziehen
o	milhar	tausend
	lindo	wunderschön
o	espetáculo	Schauspiel
	característico	typisch, charakteristisch

o acarajé

kleiner Kloß aus Bohnenmehl, in Dendê-Öl gebraten, wird mit einer Soße aus rotem Pfeffer, Zwiebeln und getrockneten Krabben gegessen

o vatapá

Brei aus Fisch, Kokosmilch, getrockneten und frischen Krabben, altem Brot, gemahlenen Erdnüssen und Cashewnüssen, gewürzt mit Salz, Koriander, Petersilie, Zwiebeln.

o	cuscuz	*Küchlein aus Mais- oder Reismehl*
o	azeite	Öl, Olivenöl
o	dendê	Dendê-Öl
	famoso	berühmt
o	norte	Norden
a	renda	Klöppelarbeit, Spitze
a	rendeira	Klöpplerin
	namorar	liebeln

a jangada — *floßartiges Fischerboot im Nordosten Brasiliens*

Die jangada, *der* jangadeiro *und das Meer werden in zahlreichen brasilianischen Liedern, vor allem in* Bahia, *besungen. Der berühmteste Komponist und Sänger dieser Lieder ist der in ganz Brasilien bekannte* Dorival Caymmi.

o	jangadeiro	*Fischer, der von einer* jangada *aus fischt*
a	carne seca	Trockenfleisch, Dörrfleisch
o	sotaque	Sprachmelodie Akzent
o	pescador	Fischer
	corajoso	mutig
	sair	hinausfahren
o	barco	Boot
a	vela	Segel
o	barco a vela	Segelboot
	frágil	zerbrechlich

o cangaceiro

legendäre nordostbrasilianische "Raubritter", die archetypisch zwischen Schinderhannes und Robin Hood stehen.

o	bandido	Bandit
	valente	tapfer
	violento	gewalttätig

o sertão (-ões)

Bezeichnung für das trockene und karge Landesinnere Nordostbrasiliens, aufgrund von Geschichte und Tradition ein Stück "typisches" Brasilien. In Teilen des Nordostens ist die langjährige Dürre, die seca, *ein großes Problem, das viele Menschen dazu zwingt, ihre Heimat zu verlassen. Ganze Familien fliehen vor der Trockenheit in den Süden Brasiliens, vor allem in den Großraum* São Paulo, *und haben ihre Lebensart und ihre Traditionen auch dort bekannt gemacht. Zahlreiche Werke der brasilianischen Literatur setzen sich mit dem Phänomen der* seca *auseinander.*

o	extremo sul	der äußerste Süden
o	estado	Bundesstaat, Staat
	cujo	dessen/deren
	ir embora	weggehen
a	prenda	Pfand, *hier junges Nädchen*
	Tenho muito que fazer	Ich habe viel zu tun
o	laço	Lasso
a	bombacha	Pluderhose – *Teil der Tracht der* gaúchos
o	chimarrão (-ões)	Matetee

pág. 106

o gaúcho

berittener Rinderhirte im äußersten Süden Brasiliens, Bezeichnung der Einwohner des Bundesstaates Rio Grande do Sul.

	forte	kräftig
	alegre	froh, fröhlich
	orgulhoso	stolz
	defender	verteidigen
a	terra	Land, Ländereien
a	luta	Kampf
a	fronteira	Grenze
o	pampa	Grassteppe, Pampa
	rigoroso	hart, streng
o	poncho	Poncho
a	capa	Umhang
a	lã	Wolle
o	carneiro	Widder
	dispensar	entbehren, verzichten auf
	amargo	bitter
o	espeto	Spieß
a	influência	Einfluss

	provar	probieren
	baiano	*Adjektiv zum Bundesstaat Bahia*
o	prato	*hier* Gericht
	exótico	exotisch
	cearense	*Adjektiv zum Bundesstaat Ceará*

Livro de Exercícios
Unidade 8

pág. 55

a	decepção (-ões)	Enttäuschung
	especializar	spezialisieren
a	faculdade	Fakultät
o	mau humor	schlechte Laune
	avançar	vorankommen, vorwärts kommen
a	eletricidade	Elektrizität
o	porteiro	Pförtner
o	casarão (-ões)	Villa, großbürgerliches Stadthaus
a	salsa	Petersilie
o	vinagre	Essig
a	cebola	Zwiebel
o	conhaque	Kognak
o	licor	Likör
a	limonada	Limonade
a	pinga	Schnaps
o	rum	Rum
o	cachimbo	Pfeife – *Rauchutensilie*
o	charuto	Zigarre
o	pinheiro	*Bezeichnung für verschiedene Nadelbaumarten der Gattung Pinus*
a	fumaça	Rauch
o	cinzeiro	Aschenbecher
o	veludo	Samt
o	linho	Leinen – *Leinsamen, Leintuch*
o	algodão (-ões)	Baumwolle
	queimar	brennen, verbrennen
	fritar	*in Fett* braten
o	nevoeiro	Nebel
a	névoa	Dunst, Nebel
	enevoado	diesig, neblig
a	neve	Schnee
a	juventude	Jugend
	recente	kürzlich, vor Kurzem, kurz zurückliegend
o/a	adolescente	Jugendlicher
a	enfermaria	Krankenstation

Unidade 9

	Bons tempos aqueles...	**Das waren noch Zeiten...**	pág. 107
o	sinal	Ampel – *z. T. regionalspezifische Synonyme*: semáforo, sinaleira, sinal luminoso, farol	
o	sinal fechado	rote Ampel	
	dirigir	lenken, steuern	
	bater (em)	zusammenstoßen, schlagen	
	desviar	ausweichen	
	perigosíssimo	äußerst gefährlich	
	de fato	tatsächlich, wirklich	
	maluco	verrückt	
a	indisciplina	Disziplinlosigkeit, mangelnde Disziplin	

a saudade

Die saudade ist ein Teil des brasilianischen und portugiesischen Lebensgefühls und kann mit Sehnsucht oder Heimweh meist nur unzureichend wiedergegeben werden.

	acreditar	glauben	
a	estrada	Landstraße	
o	interior	Hinterland, Landesinneres	

no interior — auf dem Land

In den brasilianischen Bundesstaaten bezeichnet interior *das gesamte Gebiet außerhalb der jeweiligen Hauptstadt. So gibt es beispielsweise im* interior *des Bundesstaates* São Paulo *eine große Anzahl wohlhabender und moderner Städte.*

	mal	schlecht, unwohl *Adverb*	
a	confusão (-ões)	Durcheinander, Verwirrung	
	Vamos para a praia		
	péssimo	mies, äußerst schlecht	
	O tempo tem andado péssimo.	Das Wetter ist in letzter Zeit mies	
	abafado	schwül, drückend	
a	poluição (-ões)	Verschmutzung, Umweltverschmutzung	
o	céu	Himmel	
	limpo	klar, sauber, rein	
	respirar	atmen	
	mal posso respirar	ich kann kaum atmen	
	informal	locker, ungezwungen, informell	pág. 108
	ferir	verletzen	
	vestir	anziehen	

	servir	servieren, dienen, bedienen
	divertir	vergnügen
	mentir	lügen
	Sirva-se, por favor.	Bedien dich/bedienen Sie sich!
	a história	Geschichte
	a piada	Witz
pág. 109	o palhaço	Clown
	divertido	lustig, spaßig
	queixar-se	sich beklagen
	faca	Messer
	o espelho	Spiegel
pág. 110	ferir	verletzen, verwunden
	recíproco	reziprok, gegenseitig, wechselseitig
	reflexivo	reflexiv, rückbezüglich
	o sentido	Sinn, Bedeutung, *auch* Richtung
	A decisão	
	vestir-se	sich anziehen
	o elevador	Aufzug, Fahrstuhl
	cumprimentar-se	sich grüßen, sich begrüßen
pág. 111	despedir-se	sich voneinander verabschieden
	dirigir-se a	sich auf den Weg nach/zu... machen
	o noivo	Verlobter, Bräutigam
	sentir-se	sich fühlen
	enganar-se	sich täuschen
	servir-se	sich bedienen
	virar-se	sich umdrehen, sich zurechtfinden
	decidir-se	sich entscheiden
	animado	lebhaft, animiert
	Ela se acha o máximo	Sie ist völlig von sich eingenommen
	nenhum deles	keiner von ihnen
	o quadro	Aufstellung, Übersicht
	geral	allgemein
pág. 112	**Dinheiro curto**	
	acabou de chegar	ist gerade angekommen
	impressionado	beeindruckt
	possível	möglich
	o superlativo	Superlativ
	veloz	schnell
	fácil	leicht ↔ *schwierig*
pág. 113	transformar	umformen
	instável	wechselhaft, unbeständig, instabil
	barato	billig, günstig
	ocupado	beschäftigt
	responsável	verantwortlich, gewissenhaft

	gordo	dick, fett	
	bem conservado	gut erhalten, in gutem Zustand	
	pobre	arm	
	Pobre homem	Armer Kerl	
	ruim	schlecht	
	Ele está ruim	Ihm geht es schlecht	
o	cozinheiro	Koch	
	empregar	verwenden, beschäftigen	
o	rádio	Radio	pág. 114
o	barulho	Lärm, Krach	
o	programa preferido	Lieblingsprogramm	
	emprestar	leihen	
o	favor	Gefälligkeit, Gefallen	
a	salada de frutas	Obstsalat	
	clássico	klassisch	pág. 115
o	concerto	Konzert	
o	silêncio	Stille, Schweigen	
	bis	Zugabe	
o	telhado	Dach	
	A chuva bate no telhado	Der Regen prasselt auf das Dach	
	contratar	unter Vertrag nehmen, einstellen	
o	sono	Schlaf	
	estar com sono	müde, schläfrig sein	
a	pressa	Eile	pág. 116
	estar com pressa	es eilig haben	
	mal	schlecht, schlecht und recht, kaum *Adverb*	
o	farol	Ampel – *v. a. in São Paulo*	
	lembrar	erinnern	
	lembrar-se de	sich erinnern an	
	marcar	vereinbaren, markieren, festlegen	
	elegante	elegant, vornehm	
o	Papa	Papst	
Sinais de trânsito		**Verkehrsschilder**	pág. 117
a	mão (-ãos) única	Einbahnstraße	
a	direção (-ões)	Richtung	
	seguir	folgen	
	reto, em frente	geradeaus	
	virar	abbiegen	
à	direita	nach rechts, zur Rechten	
à	esquerda	nach links, zur Linken	
	contramão (-ãos)	*gegen die erlaubte Fahrtrichtung*	
	entrar	einfahren	
	permitido	erlaubt, gestattet	

	proibido	verboten
	estacionar	parken
	duas mãos	*Verkehr in beiden Fahrtrichtungen*
	duplo	doppelt, zweifach
	homens trabalhando	*Achtung Baustelle*
a	obra	Baustelle
	ultrapassar	überholen
a	conversão (-ões)	Abbiegen
	pegar uma rua	eine Straße nehmen
	fim	Ende
	até o fim	bis zum Ende
	resolver	erledigen, lösen, sich entscheiden
o	trajeto	Strecke
pág. 118	Depressão (-ões) na pista	*Straßenschäden*
	Região (-ões) sujeita a ventos	*Gefahr durch Seitenwind*
	Pista escorregadia	*Schleudergefahr*
	Ponte estreita	*Brücke mit Fahrbahnverengung*
	Posto de gasolina	*Tankstelle*
	Borracheiro	*Reifendienst*
	Placas de advertência	Hinweisschilder
	Declive acentuado	*starkes Gefälle*
	Aclive acentuado	*starke Steigung*
	Mão dupla adiante	*Gegenverkehr*
	Ponte móvel	*Hubbrücke*
	Área com desmoronamento	*Steinschlag-/Erdrutschgefahr*
	Projeção (-ões) de cascalho	*Achtung Rollsplitt/Schotter*
	Ciclistas	*Radfahrer*
	Máquinária Agrícola	*Landwirtschafliche Maschinen*
	Passagem de pedestre	*Fußgänger kreuzen*
	Cuidado animais	*Tiere kreuzen*
	Animais selvagens	*Wildwechsel*
	Passagem de nível sem barreira	*Ungesicherter Bahnübergang*
	Pare sempre fora da pista	*Nur abseits der Fahrbahn halten*
	Use luz baixa ao cruzar com outro veículo	*Bei Begegnung mit entgegenkommenden Fahrzeugen Abblendlicht einschalten*
	Curva perigosa	*Gefährliche Kurve*

	Não ultrapasse na curva	*Nicht in Kurven überholen*
a	legenda	Bildunterschrift
	A vitória-régia	pág. 120
a	lenda	Sage, Legende
	indígena	eingeboren, indigen
a	vitória-régia	Riesen-Seerose *Victoria Regia*
a	flor aquática	Wasserblume
o	aparecimento	Entstehung
a	prata	Silber
o	casamento	Ehe, Hochzeit
o	índio	Indio
a	virgem, -ns	Jungfrau, jungfräulich, unberührt
a	estrela	Stern
	apaixonar-se por	sich verlieben in
a	lua	Mond
	aproximar-se	sich nähern, näher kommen
	subir	hinaufsteigen, steigen
o	monte	Berg
a	montanha	Gebirge
	mesmo	selbst, sogar
o	topo	Spitze, höchster Punkt
o	topo da montanha	Berggipfel
	erguer	erheben, emporstrecken
	conseguir	gelingen
	alcançar	erreichen
	longe	entfernt, weit weg
	infinito	unendlich, grenzenlos
	desistir de	aufgeben
	buscar	suchen, aufsuchen
	porém	jedoch
o	fundo	Grund, Boden
a	dúvida	Zweifel
	não ter a menor dúvida	nicht den geringsten Zweifel haben
o	noivo	Bräutigam
a	noiva	Braut
o	convite	Einladung, Aufforderung
o	amor	Liebe
	lançar-se	sich stürzen
o	mergulho	Eintauchen, Tauchen
	ansioso	sehnsuchtsvoll
	afundar	versinken, untergehen
	desaparecer	verschwinden
	para sempre	für immer

	trágico	tragisch
	merecer	verdienen
	recompensar	belohnen
o	gesto	Geste
a	gratidão	Dankbarkeit
	transformar	verwandeln
o	corpo	Körper
	majestoso	majestätisch, großartig

pág. 121 **A criação da noite**

a	criação (-ões)	Erschaffung, Schöpfung
o	princípio	Anfang
a	cobra	Schlange – *nur Tier*
	guardar	verwahren, aufbewahren, behüten, bewachen
	existir	bestehen, geben, existieren
	mandar	befehlen, beauftragen
o	guerreiro	Krieger
a	busca	Suche
o	coco de tucumã	*Frucht der Tucumã - Palme*
	avisar	bekannt geben, mahnen
	escuro	dunkel
	tudo se perde	alles ist verloren
	prometer	versprechen
	tomar cuidado	aufpassen
a	volta	Rückkehr
a	viagem de volta	auf den Rückweg
o	ruído	Geräusch
	estranho	seltsam
o	sapo	Frosch
o	grilo	Grille
a	coruja	Eule
o	morcego	Fledermaus
o	ser	Lebewesen
	movimentar-se	sich bewegen, unterwegs sein
	cheio	voll
a	curiosidade	Neugier
	imediatamente	sofort
	escurecer	dunkel werden
	soltar	los lassen, frei lassen
	furioso	zornig
	espantado	erschrocken
o	fio	Faden
o	fio de cabelo	*einzelnes* Haar
	separar	trennen
	arrancar	(her-) ausreißen

	tornar-se	werden
a	madrugada	Morgengrauen
	castigar	bestrafen
a	desobediência	Ungehorsam
	assustado	erschrocken
	pular	springen, hüpfen
a	mata	Urwald
o	galho	Ast, Zweig
	quieto	ruhig, still
	à espera	wartend
	recolher-se	sich zurückziehen
	desobedecer	ungehorsam sein, nicht gehorchen

Livro de Exercícios
Unidade 9

a	consulta	Umfrage, Anfrage	pág. 61
	insuportável	unerträglich	
o	ouvinte	Hörer, Zuhörer	
o	animador	Moderator	
a	providência	*vorbereitende* Maßnahme, Vorsichtsmaßnahme	
	baixar	fallen, sinken, senken	
	atualizar	aktualisieren	pág. 62
o	pulôver	Pullover	pág. 63
o	telejornal	Fernsehnachrichten	
o	frescor	Frische, Kühle	
	aquecer	wärmen, erwärmen	
	esquentar	heizen, erhitzen	
	alaranjado	orangefarben	
a	gravura	Kunstdruck, Radierung	
a	livraria	Buchhandlung, Bücherei	
	mega	*wie in Megahit, Megawatt,* riesig, Riesen...	
o	megastore	Mega-Store	
a	empada	Teigtasche	pág. 64
o	cemitério	Friedhof	
a	escultura	Skulptur	
	impor	vorschreiben, aufzwingen	
a	Biologia	Biologie	
a	disciplina	Disziplin	pág. 65
	esquecido	vernachlässigt, nachlässig	
	desprotegido	ungeschützt, schutzlos	

	consciencioso	bewusst, gewissenhaft
	caçoar de	hänseln, sich lustig machen über
	exagerar	übertreiben
	indiscreto	indiskret
pág. 66 o	pára-brisa	Windschutzscheibe
a	alameda	Allee
o	desvio	Umleitung
o	cruzamento	Kreuzung
o	pára-choque	Stoßfänger, Stoßstange
a	lotação (-ões)	Sammeltaxi, Besetzung
o	pára-lama	Kotflügel
a	ultrapassagem	Überholmanöver
o	pico	Spitze, Gipfel
a	hora do pico	Hauptverkehrszeit, Rushhour
a	potência	Leistung, Macht, Vermögen
	amplo	weit, geräumig, umfassend
o	câmbio	Getriebe, Schaltung
	automático	automatisch
o	comprimento	Länge
	sóbrio	zurückhaltend, nüchtern
a	largura	Breite
o	peso	Gewicht
	interno	Innen-, innerer
o	estilo	Stil
a	perfeição (-ões)	Vollendung, Perfektion
	adorar	verehren, anbeten, bewundern
	melhorar	verbessern
	antiquado	veraltet, antiquiert, altmodisch
	profundo	tief, tiefgreifend
	saudável	gesund
a	vitória	Sieg
pág. 67 a	letra maiúscula	Großbuchstabe
o	locutor	Sprecher
o	cidadão (-ãos)	Bürger
	curioso	neugierig, wissbegierig, seltsam
a	limpeza	Reinigung, Sauberkeit

Unidade 10

D. Pedro II dormiu aqui		Hier übernachtete Kaiser Dom Pedro II.	pág. 123
o/a	guia	Führer	
	Sinto muito	Tut mir leid. Ich bedauere	
	queixar-se	sich beklagen	
	vai de mal a pior	wird immer schlimmer	
	tão	so	
	cair	fallen	
o	pedaço	Stück	
	cair aos pedaços	zusammenbrechen, einstürzen	
	cuidar	pflegen	
	mal cuidado	ungepflegt	
	tradicional	traditionell	
	desde	seit	
	conservar	instand halten, erhalten	
	não adianta	es nützt nichts	
	alterar	ändern, abändern, verändern	
a	agência de turismo	Reisebüro	
	de jeito nenhum	auf gar keinen Fall	
	indicar	hinweisen, angeben, empfehlen	
a	sugestão (-ões)	Empfehlung, Vorschlag	
Na portaria do hotel			pág. 124
a	portaria	Empfang, Rezeption	
o	recado	Nachricht	
	deixar	hinterlassen	
o	candidato	Bewerber, Kandidat	
a	idéia	Idee, Vorstellung	
	precisar	*als Hilfsverb:* müssen, brauchen *als Vollverb:* benötigen, bedürfen	
	encontrar	finden, treffen	
o	empréstimo	Kredit, Darlehen	
	emprestar	(aus-) leihen	
	Na hora H...	Wenn's wirklich ernst wird... , im letzten Moment	
	descer de	aussteigen, absteigen	pág. 125
	tomar um barco	ein Boot nehmen	
	carro usado	Gebrauchtwagen	pág. 126
	ordenado	Lohn, Gehalt *veraltend*	
	estrada de ferro	Eisenbahnlinie	
	passar férias	Urlaub verbringen	
	cobrir	bedecken	pág. 127

	tossir	husten
	engolir	verschlingen
	subir	steigen
	fugir	fliehen
	sumir	verschwinden
	consumir	verbrauchen
	acudir	zu Hilfe kommen, beistehen

pág. 128 **Era um carro novinho em folha**

	novinho em folha	nagelneu
	Droga!	Verdammt!
	estar enganado	sich irren
	Calma!	Immer mit der Ruhe!
	Não há outro remédio	Uns bleibt nichts anderes übrig
o	diminutivo	Verkleinerungsform, Diminutiv
o	carinho	Liebkosung
a	ênfase	Betonung
o	desprezo	Verachtung, Geringschätzung
a	função (-ões)	Zweck, Funktion
	definido	bestimmt
	monótono	langweilig
pág. 129 a	terminação (-ões)	Endung
a	vogal	Vokal
	nasal	nasal
o	anel	Ring
o	cheiro	Geruch
	falar baixo	leise sprechen
pág. 130	do começo até o fim	vom Anfang bis zum Ende
	classificar	zuordnen, klassifizieren
	grifar	kursiv setzen, sperren
	detestar	verabscheuen
pág. 131 o	escritor	Schriftsteller
o	sucesso	Erfolg
	fazer sucesso	Erfolg haben, erfolgreich sein
a	modificação (-ões)	Änderung, Abwandlung
	separar-se	sich trennen
	exatamente	genau
a	suposição (-ões)	Vermutung
a	obrigação (-ões)	Verpflichtung, Pflicht
o	dever	Pflicht
a	dificuldade	Schwierigkeit
	respeitar	beachten, respektieren
a	lei	Gesetz
	sem parar	ununterbrochen, ohne Unterlass
o	prêmio	Preis
	rico	reich

a	loteria	Lotterie

Canção popular pág. 132

a	canção popular (-ões)	Volkslied
a	queda	Sturz, Fall
o	cavalheiro	Kavalier
o	chão (-ãos)	Fußboden, Boden
	ordinais	Ordnungszahlen
	primeiro	erster
	segundo	zweiter
	terceiro	dritter
	quarto	vierter
	quinto	fünfter
	sexto	sechster
	sétimo	siebter
	oitavo	achter
	nono	neunter
	décimo	zehnter
	vigésimo	zwanzigster
	trigésimo	dreißigster
	quadragésimo	vierzigster
	qüinquagésimo	fünfzigster
	sexagésimo	sechzigster
	septuagésimo	siebzigster
	octagésimo	achtzigster
	nonagésimo	neunzigster
	centésimo	hundertster
	milésimo	tausendster
	milionésimo	millionster

Um passeio pelo Brasil pág. 134

o passeio
bezeichnet jede Art von Fortbewegung in der Freizeit, die allein dem Vergnügen dient, z. B.: Spaziergang, Spazierfahrt, Ausflug, Rundfahrt, Urlaubsreise, Tour

	ler em voz alta	laut lesen, vorlesen
	preparar-se	sich vorbereiten, bereithalten
a	escala	Halt, Zwischenaufenthalt, -stopp, Station

o	pantanal	großes Feuchtgebiet, Sumpf
	matogrossense	*Adjektiv zum Bundesstaat Mato Grosso*

Pantanal Matogrossense – *ein riesiges Feuchtgebiet mit unterschiedlichsten Ökosystemen und einer überwältigenden* Flora *und* Fauna *(z. B. Ameisenbären, unzählige Kaimane). Das Gebiet ist von bedeutenden Flüssen durchzogen und verfügt über einen großen Fischreichtum. Das* Pantanal *kennt nur zwei Jahreszeiten, die jeweils etwa 6 Monate dauern: die Trockenzeit und die Überschwemmungsperiode, während der das gesamte Gebiet unter Wasser steht.*

	passar	verbringen
o	grupo	Gruppe
	dividir-se	sich teilen
	reunir-se	sich treffen, versammeln
	encerrar	abschließen, beenden
a	fila	Warteschlange
o	corredor	Gang, Korridor
	mudar-se	umziehen
	vez	Mal

pág. 135

Um pouco de nossa história

a	descoberta	Entdeckung
	em fins de 1807	Ende 1807
	abandonar	verlassen
o	exército	Heer, Armee
	Napoleão	Napoleon
	instalar-se	sich einrichten, niederlassen
	real	königlich
a	corte	Hof, Hofstaat
a	chegada	Ankunft
	pacato	ruhig, friedlich
a	metade	Hälfte
o	escravo	Sklave
	mudar	verändern, ändern
	da noite para o dia	von einem Tag auf den anderen
	progredir	Fortschritte machen, sich entwickeln
o	príncipe	Prinz
o	herdeiro	Erbe
	príncipe herdeiro	Erbprinz
os	interesses	Belange, Interessen
o	erro	Irrtum, Fehler
	criar	erziehen, aufziehen
a	liberdade	Freiheit
o	contato	Berührung, Kontakt
	compreender	verstehen
o	desejo	Wunsch, Begehren
a	independência	Unabhängigkeit
	contrariar	zuwider handeln
a	intenção (-ões)	Absicht, Intention
	proclamar	ausrufen
	acalmar	beruhigen
o/a	patriota	Patriot
	exigir	fordern
	às margens	am Ufer
o	riacho	Bach, kleiner Fluss
a	agitação (-ões)	Unruhe, Aufruhr

a	tendência	Neigung	
	ordenar	befehlen	
	irritar	sich erregen, aufregen, erzürnen	
a	fita	Band	
	erguer	erheben, hochheben	
a	espada	Schwert	
	gritar	schreien	
	aclamar	ausrufen	
o	imperador	Kaiser	
a	origem	Ursprung, Herkunft	
a	colonização (-ões)	Kolonialisierung	pág. 136
a	vinda	Ankunft, Kommen	
	imaginar	sich vorstellen	
	causar	verursachen	
o	ambiente	Umgebung, Umfeld	
o	episódio	Ereignis	
	ilustrar	illustrieren	

Livro de Exercícios
Unidade 10

			pág. 69
o	recurso	Mittel, Ressource	
	fluvial	Fluss-	
a	pós-graduação (-ões)	Aufbaustudium	
a	bolsa de estudo	Stipendium	
a	pesquisa	Studie, Forschungsarbeit	
o/a	repórter	Reporter	
	particular	privat, eigen	
o	interessado	Interessent	
o	pesquisador	Forscher	pág. 70
	científico	wissenschaftlich	
	concorrer	sich bewerben, wetteifern, konkurrieren	
a	especialização (-ões)	Spezialisierung (hier: Fachstudium)	
o	campo	Feld, Land – *auf dem Land*	
a	culinária	Kochkunst	pág. 71
aos	pedaços	in Stücke (n)	
a	calda de chocolate	Schokoladensosse	pág. 72
a	quadra de tênis	Tennisplatz	
a	leitura	Lektüre	
a	recepção (-ões)	Empfang, Rezeption	
	incomodar	stören	
	impecável	tadellos, makellos	
	razoável	annehmbar, befriedigend, erträglich	pág. 73
	avançado	fortgeschritten	

a	lembrança	Andenken
	bastante	ausreichend, genügend, ziemlich
a	questão (-ões)	Frage, Problem
o	segredo	Geheimnis
	guardar segredo	geheim halten, für sich behalten
	absoluto	absolut, volkommen
	festejado	gefeiert
pág. 74 o	comentário	Anmerkung, Kommentar
o	roubo	Raub, Diebstahl
	apoiar	(unter-) stützen
	suportar	ertragen, stützen
	irônico	ironisch
o	microônibus	Kleinbus

a moqueca de peixe
typisches Fischgericht mit Petersilie, Koriander, Zwiebeln, Pfeffer, Kokosmilch und Dendê-Öl . Berühmt sind die moquecas capixabas *aus dem Bundesstaat* Espírito Santo, *die mit Fisch oder Krabben in großen Tontöpfen gegart noch kochend auf den Tisch kommen.*

	colonial	kolonial
	ancorar	ankern, Anker werfen, anlegen
o	bote	Boot
o	aquecimento	Aufwärmen, Warmmachen (Sportler), Heizung
o	treinador	Trainer
pág. 75 o	vencedor	Sieger
o	remo	Ruder
a	natação	Schwimmen
	navegar	zur See fahren
a	interrupção (-ões)	Unterbrechung
a	senha	Passwort, PIN
o	vale	Gutschein, Anweisung
a	quantia	Menge
o	rendimento	Ertrag
o	talão (-ões)	(Scheck)heft
a	porcelana	Porzellan
	culpado	schuldig
a	impressão (-ões)	Eindruck, Druck
a	assinatura	Unterschrift, Abonnement
a	culpa	Schuld
	grávida	schwanger
a	greve	Streik
a	gordura	Fett
a	estupidez	Dummheit, Blödsinn
	contactar	Kontakt aufnehmen, kontaktieren

Unidade 11

Progresso é progresso

pág. 137

	louco	verrückt
	Ora essa!	Nun mach mal einen Punkt! Ist doch klar!
o	centímetro	Zentimeter
	valer	wert sein
	por exemplo	zum Beispiel
o	proprietário	Eigentümer, Besitzer
o	ponto	Punkt, *hier* Lage
	ideal	traumhaft, ideal
	qualquer um	jeder
o	dono	Besitzer, Inhaber
	falecer	sterben, versterben
o	herdeiro	Erbe
a	herdeira	Erbin
	resolver	beschließen, entscheiden
a	oportunidade	Gelegenheit
	perder	verpassen, verlieren, versäumen
	Para falar a verdade...	Um ehrlich zu sein...
	Só faltava coragem	Nur der Mut hat gefehlt
o	interessado	Interessent
	fechar um negócio	ein Geschäft abschließen
	Tomara!	Na hoffentlich!
	demolir	abreißen, zerstören
	Que pena!	Wie schade!
o	pronome	Fürwort, Pronomen
	indefinido	unbestimmt
	qualquer	jeder *beliebige*
	desanimar	entmutigen, den Mut verlieren
	trair	verraten, betrügen pág. 138
	distrair	zerstreuen, ablenken
	atrair	anziehen
	subtrair	abziehen
a	formiga	Ameise
o	buraco	Loch
	somar	zusammenzählen, addieren
a	vitrina	Schaufenster pág. 139
o	freguês	Kunde (siehe Erklärung Seite 10 - Unidade 1)
	irregular	ungleichmäßig, unregelmäßig, irregulär

Borá - a cidade que prefere não crescer

o	contexto	Kontext
	localizado	gelegen
o	quilômetro	Kilometer
	cerca de	etwa, circa
o/a	habitante	Einwohner
o	morador	Bewohner
	volante	fliegend
o	trabalho volante	Arbeit für Tagelohn
	vizinho	benachbart

o/a bóia-fria — *wörtlich „kalte Mahlzeit", Bezeichnung für* Tagelöhner

Bóia-fria *ist die Bezeichnung für bitterarme Landarbeiter, die auf Lastwagen transportiert werden und an wechselnden Einsatzorten z. B. in der Zuckerrohr- oder Orangenernte arbeiten. Sie verlassen das Haus meist schon im Morgengrauen und nehmen eine Mahlzeit mit, die sie am späteren Vormittag kalt verzehren.*
bóia – *umgangssprachlich: Nahrung, Mahlzeit.*

a	marmita	Henkelmann
a	população (-ões)	Bevölkerung
	reconhecer	anerkennen, zugeben
o	prefeito	Bürgermeister
o	filho	Sohn, Kind
a	filha	Tochter
o	lavrador	Landarbeiter
	além de	darüber hinaus, mehr als
	4ª série	vierte Klasse
o	primeiro grau	*1. – 8. Schuljahr*
a	pobreza	Armut
	impedir	verhindern
	desfrutar	genießen
o	benefício	Vergünstigung, Vorteil
	causar	hervorrufen, bedingen
a	inveja	Neid
os	meninos de rua	Straßenkinder
o/a	pedinte	Bettler
a	favela	Elendsviertel, Slum
o	asfalto	Asphalt
as	vias públicas	öffentliches Straßennetz
a	água tratada	Leitungswasser
o	esgoto	Abwasser, *hier* Abwassernetz, –entsorgung
o	índice	Quote, Rate, Index

a	criminalidade	Kriminalität
o	homicídio	Mord, Totschlag
a	cadeia	Gefängnis
o	preso	Häftling
a	prefeitura	Rathaus
	arrecadar	einnehmen
a	horta	Gemüsegarten
	manter	unterhalten, betreiben
a	frota	Flotte
a	perua	Kleinbus
o/a	estudante	Schüler, Student *wird unterschiedslos für alle in Bildungseinrichtungen und Kursen Lernenden gebraucht*
o	transporte	Beförderung, Transport
a	zona	Bezirk, Zone, Bereich
	rural	ländlich
	urbano	städtisch
a	zona rural	ländlicher Bereich
a	zona urbana	städtischer Bereich, Stadtbereich
	depender de	abhängen von, angewiesen sein auf
a	condução (-ões)	Personenbeförderung, Transport
	grátis	umsonst
a	lavoura	Pflanzungen
a	extinção (-ões)	Aussterben
	transportar	befördern
a	cidade vizinha	Nachbarstadt
o	corte	Schnitt, Schneiden
a	cana	Zuckerrohr
a	colheita	Ernte
o	orgulho	Stolz
o	funcionamento	Funktionsweise
o	funcionário	Angestellter
	adequado	angemessen
a	necessidade	Notwendigkeit, Bedürfnis
a	administração (-ões)	Verwaltung
	Não adianta nada...	Es hilft nichts... Es ist sinnlos... pág.140
o	emprego fixo	Festanstellung, feste Arbeit
a	alimentação (-ões)	Ernährung, Nährung
	discutir	besprechen, diskutieren
o	governo	Regierung
a	bóia	Mahlzeit, Essen
a	lavoura	Acker
a	fruteira	Fruchtkorb, Fruchtschale
	resolver	beschließen pág. 141
	gelado	eiskalt

pág. 142	a conta de luz	Stromrechnung
	proibir	verbieten
	propor	vorschlagen
	pintar	malen, anstreichen
	o recibo	Quittung
	a partida	Abfahrt
	a saída	Ausgang, Ausweg
	a parada	Einhalten, Haltestelle
	a permissão (-ões)	Erlaubnis
	a preferência	Vorrecht, Vorzug, Vorliebe
	assinar	unterschreiben
	voar	fliegen
	escolher	auswählen, aussuchen
	repor	ersetzen
	sugerir	andeuten, empfehlen
	defender	verteidigen
	o aumento	Vergrößerung, Erweiterung, Erhöhung
	a resolução (-ões)	Beschluss, Entschließung
	a abertura	Öffnung
	a perda	Verlust
	o prejuízo	Nachteil, Verlust
pág. 143	**Irene no céu**	
	o humor	Laune
	a licença	Erlaubnis, Lizenz
	pedir licença	um Erlaubnis bitten

Com licença	Gestatten Sie bitte Entschuldigung! Darf ich mal...

Das „Zauberwort“ com licença *verwendet man in Brasilien immer, wenn man jemandem zu nahe treten könnte: Es öffnet Wege im Gedränge und ist nicht zuletzt obligatorisch, wenn man frühzeitig vom Esstisch aufsteht oder eine Sitzung verlässt.*

o bonachão (-ões)	gutmütiger Mensch
bem-humorado	gutgelaunt
afável	freundlich, nett, leutselig
a linguagem	Ausdrucksweise
revoltar-se	sich auflehnen, erzürnen, aufregen
Pedras preciosas brasileiras	
a pedra	Stein
precioso	wertvoll, edel
a esmeralda	Smaragd
o garimpo	Schürfstelle, Schürfen *– Edelmetalle, – steine*
surgir	auftauchen, hervorkommen, entstehen
bruto	roh, brutto

o	técnico	Fachmann, Experte
	experiente	erfahren
	verdadeiro	wirklich, wahr, eigentlich
a	lapidação (-ões)	Schleiferei
	lapidar	*Edelsteine* schleifen
o	brilho	Glanz
	finalmente	schließlich, endlich
o	ourives	Goldschmied
	transformar-se	sich verwandeln
a	jóia	Schmuckstück
o	olhar	Blick
	admirar	bewundern
	valioso	wertvoll
	trágico	tragisch
o	episódio	Episode
	respeitar	verehren, ehren, respektieren
	estimar	schätzen, hoch schätzen
o	povo	Volk
	próprio	eigen, selbst
	convencer	überzeugen
	custear	für die Kosten aufkommen
a	expedição	Expedition, Forschungsreise

a bandeira

Die bandeiras *waren Expeditionstrupps, die vor allem im 17. Jahrhundert von* São Paulo *aus auf der Suche nach Bodenschätzen und als Sklavenjäger in das Landesinnere vordrangen. Auf den Expeditionen entdeckten die* bandeirantes *Gold- und Edelsteinminen an verschiedenen Orten Brasiliens, vor allem im Bundesstaat* Minas Gerais. *Städte entstanden und das Staatsgebiet Brasiliens wurde auf sein heute kontinentales Ausmaß erweitert.*

o/a	bandeirante	*Mitglied eines dieser Expeditionstrupps*
a	missão (-ões)	Auftrag, Mission
	vagar	umherstreifen, umherirren
o	confronto	Zusammenstoß
o	sofrimento	Leiden
	envelhecer	altern, alt werden
	fraco	schwach
	amargurar	verbittern
	encontrar	finden
	julgar	für etwas halten, (be-) urteilen
a	turmalina	Turmalin
a	trajetória	Weg, Entwicklung
a	transformação (-ões)	Verwandlung
o	garimpeiro	Goldsucher, Edelsteinsucher
o	lapidário	Edelsteinschleifer
o	joalheiro	Juwelier
o	sonho	Traum
	basear-se	ausgehen von, sich gründen auf

pág. 144

Livro de Exercícios
Unidade 11

pág. 77		prometido	versprochen
		programar	planen, programmieren
pág. 78	o	aviso	Hinweis, Meldung
	a	mensalidade	Monatsbeitrag
		incrível	unglaublich
pág.79		cultivar	pflegen, kultivieren
	a	década	Jahrzehnt
		indesejável	unerwünscht
	o	bronzeado	gebräunt, braun
	a	moda	Mode
		fiel	treu
		ocidental	westlich
		bronzear-se	sich bräunen
	a	obsessão (-ões)	Besessenheit, fixe Idee
	o	prestígio	Ansehen, Prestige
		atlântico	atlantisch
	o	paraíso	Paradies
		solar	Sonnen-
	o	cosmético	Kosmetiker, Schönheitskreme
		proporcionar	ermöglichen
		duradouro	dauerhaft, haltbar
		confiar	vertrauen
		cego	blind
		neutralizar	neutralisieren
		cansar-se	ermüden, müde werden
		nocivo	schädlich
	a	civilização (-ões)	Zivilisation
	o	rejuvenescimento	Verjüngung
pág. 80		resultar	führen zu, resultieren
		prolongar	verlängern
		expor	aussetzen
	o	fenômeno	Erscheinung, Phänomen
		prever	vorhersehen, voraussehen
	a	*caderneta de* poupança	Sparbuch
pág. 81	a	reação (-ões)	Reaktion
		influenciar	beeinflussen
		produtivo	produktiv
	a	urgência	Dringlichkeit
	o	hóspede	Gast
	o	gás	Gas

a	jarra	Krug
o	interruptor	Schalter – *Unterbrecher*
a	lâmpada	Lampe, Glühlampe
a	champanha *francesa*	Sekt, *Champagner*
o	aquecedor	Heizkörper
o	apelido	Spitzname
o	rochedo	Felsen
o	inquilino	Mieter
o	passaporte	Reisepass
o	locatário	Vermieter
o	visto	Sichtvermerk, Visum
	obedecer	gehorchen
a	justiça	Gerechtigkeit, Justiz,
	manifestar-se	sich äußern
	sofrer	leiden
	pró e contra	für und wider, Pro und Kontra
	receitar	verschreiben – *Medikament*
	pesar	wiegen
	maravilhoso	wunderbar
a	paixão	Leidenschaft, Passion
	mal-humorado	schlecht gelaunt

pág. 82

Unidade 12

pág. 145	**Viajando em fim de semana**	
	o fim de semana	Wochenende
	a revisão	Inspektion, Überprüfung
	uma boa revisão	eine gründliche Inspektion
	o pneu	Reifen
	examinar	prüfen
	a bateria	Batterie
	o óleo	Öl
	encher	(be-) füllen
	o tanque	Tank
	a gasolina	Benzin
	comum	normal, gewöhnlich
	Quanto tempo vai levar	Wie lange dauert das
	no máximo	höchstens
	hospedar-se	unterkommen, untergebracht sein
	No sábado seguinte	
	mandar	anordnen, befehlen
	O mesmo de sempre	Wie immer
pág. 146	**Correio sentimental**	*„Fragen Sie Frau..." – Ratgeberseite in Frauenzeitschriften*
	o caixa	Kassierer, Kassiererin
	verificar	prüfen
	a pressa	Eile
	estar com pressa	es eilig haben
	desesperar	verzweifeln
	óbvio	offensichtlich
	ingênuo	naiv, kindlich
	lamentar	bedauern
	complicar	erschweren, komplizieren
pág. 148	ordem, desejo, dúvida e sentimento	Anordnung, Wunsch Zweifel und Gefühl
	exigir	fordern
	recear	befürchten
	repetir	wiederholen
	o compromisso	Verabredung, Verpflichtung *Achtung: bedeutet nicht „Kompromiss"*
	multar	mit einer Geldstrafe belegen
	conjugar	konjugieren, *ein Verb* beugen, flektieren

	ir mal	schlecht laufen

pág. 152

A sogra

a	sogra	Schwiegermutter
o	sogro	Schwiegervater
o	funcionário público	Angestellter im öffentlichen Dienst, Staatsdiener
o	público	Öffentlichkeit, Zuschauer, Publikum
	estadual	staatlich *–in Bezug auf einen Bundesstaat*
	estatal	staatlich *–in Bezug auf die Bundesebene*
	casado	verheiratet
	quieto	ruhig
	sossegado	geruhsam, beschaulich
	abandonado	verlassen
	mineiro	*Adjektiv zum Bundesstaat Minas Gerais*
	Volks	Volkswagen

Fusca – VW-Käfer

Die Aussprache des Namens Volkswagen, der zunächst vor allem für den VW-Käfer gebräuchlich war, stellt für die Brasilianer ein nahezu unüberwindliches Problem dar: für deutsche Ohren klingt sie etwa wie "Wolkswagen". Daher wurde der Name zunächst als Volks abgekürzt und mit der Zeit zu fusca *abgewandelt. Der deutsche Automobilhersteller hat diesen Namen in Brasilien schützen lassen.*

a	síncope	Herzstillstand
	fulminante	blitzartig, plötzlich
	enterrar	beerdigen, bestatten
o	túmulo	Grabstätte, Grab
o	jeito	Ausweg, Lösung, Trick, Kniff

Ähnlich wie bei saudade *ist es auch hier mit einer oder zwei Entsprechungen nicht getan:* Jeito *ist ein Teil der brasilianischen Lebensart, bezeichnet die Fähigkeit, –komme, was da kommen mag– mit allem fertig zu werden, sei es mit Kreativität, Improvisationskunst oder trickreichem Durchwursteln.*

o	enterro	Beerdigung
	deitar	hinlegen, legen
a	mantilha	Kopfschleier – wurde früher von Frauen bei religiösen Zeremonien getragen.
a	renda	Spitze
	chorar	weinen
o	desconsolo	Untröstlichkeit
a	compreensão (-ões)	Verständnis
	firme	fest
o	volante	Lenkrad, Steuer *–nur Auto*
o	cadáver	Leichnam
	comer asfalto	Kilometer abreißen

		balançar	sich wiegen, wackeln
		miúdo	klein, zart
		apertar	drücken
	a	fome	Hunger
		A fome apertou	Der Magen knurrte
	o	instante	Augenblick, Moment
		morto	tot
		vigilante	Wache haltend
		inventar	erfinden
pág. 153		insistir em	bestehen auf
		composto	zusammengesetzt
		conter	beinhalten
		herdar do exterior	erben aus dem Ausland, von außen
pág. 155		plantar	pflanzen
		Lar doce lar	*Home sweet home*
pág. 156	o	garoto	junger Mann, Junge
	o	pacote	Paket, Päckchen
		atencioso	aufmerksam, entgegenkommend, freundlich
	o	companheiro	Kamerad, Begleiter, Gefährte, Genosse
	a	Páscoa	Ostern
	o	adversário	Gegner
		jogar	spielen
	o	sobrinho	Neffe
	a	sobrinha	Nichte
	a	fortuna	großes Vermögen, Reichtum
pág. 157	o/a	telefonista	Telefonist
	o	incêndio	Brand
		arrumar	aufräumen
pág. 158		deserto	leer, verlassen, wüst
		noite e dia	Tag und Nacht
		depender	abhängen, abhängig sein
		afinal	letztlich
pág. 159		compreensivo	verständnisvoll
		manter	erhalten, aufrechterhalten
	a	correspondência	Briefverkehr, Korrespondenz
	o	assunto	Angelegenheit, Sache, Thema
		sair com	ausgehen mit
pág. 160	a	posse	Besitz
	o	dono	Eigentümer, Herr
		rasgar	zerreißen
	a	placa	*amtliches* Kennzeichen, Schild
	a	classe	Schulklasse, Schulzimmer
	a	orquestra	Orchester
	o	maestro	Dirigent

Trem das Onze

o	filho único	Einzelkind	
	justificar	rechtfertigen	pág. 161

Pedras preciosas do Brasil II

a	classe	Klasse, Art	pág. 162
o	metal	Metall	
o	ouro	Gold	
a	prata	Silber	
a	platina	Platin	
a	água-marinha	Aquamarin	
a	ametista	Amethyst	
o	topázio	Topaz	
	extrair	*Bodenschätze* gewinnen, fördern, abbauen	
a	profundeza	Tiefe	
	considerável	beachtlich, bemerkenswert	
o	leito	Bett	
o	rio	Fluss	
	raro	selten, rar	
a	superfície	Oberfläche	
a	conseqüência	Folge	
a	erosão (-ões)	Erosion	
o	solo	Boden	
a	expedição (-ões)	Expedition, Forschungsreise	
a	riqueza	Reichtum	
	representar	darstellen, bedeuten	
	colonizar	erschließen, kolonialisieren	
o	monumento	Denkmal	
o	barroco	Barock	
o	diamante	Diamant	
	originário	ursprünglich	
	ser originário de	stammen aus	
a	mina	Mine	
a	lei	Gesetz	
os	minerais	Bodenschätze, Mineralien	
o	patrimônio	Eigentum, Vermögen, Gut	
a	extração (-ões)	Schürfen, Förderung, Abbau	
	outorgar	zugestehen, verleihen	
a	licença	Erlaubnis, Lizenz, *hier* Schürfrecht	
a	variedade	Vielfalt, Art	
	citar	nennen, anführen, zitieren	
a	expansão (-ões)	Erweiterung	
o	herói	Held	
	heroína	Heldin	

		explorar	ausbeuten, nutzen

Livro de Exercícios
Unidade 12

pág. 83		infeliz	unglücklich
	a	chuva torrencial	sintflutartiger Regen
	a	moradia	Wohnung
	a	tragédia	Tragödie
pág. 84		ilhado	*wie auf einer Insel von der Außenwelt* abgeschnitten
	a	escola municipal	städtische/kommunale Schule
		congestionar	verstopfen, stauen
		inundar	überschwemmen, überfluten
		desabar	zusammenbrechen, abrutschen
		transbordar	über die Ufer treten, überlaufen
		provisório	behelfsmäßig, provisorisch
pág. 86	o	novato	Neuling, Anfänger, Novize
	a	redação (-ões)	Redaktion
		em seguida	danach
		incomum	außerordentlich, ungewöhnlich
	a	sensação (-ões)	Gefühl, Eindruck
	o	setor	Abteilung, Sektor
	a	seqüência	Folge, Sequenz
		despregar *os olhos*	*die Augen* abwenden
		vivo	lebhaft, lebendig
		irradiar	verstrahlen, ausstrahlen
		envolver	umfangen
		ofuscar	blenden, verblenden, trüben
		inclinar	neigen, beugen
	a	rapidez	Schnelligkeit
		desfazer	entschwinden, aufheben, auflösen
		encostar	anlehnen
	o	ar	Luft
		distrair	zerstreuen
		estático	unbeweglich, statisch
		mudo	stumm
	a	admiração (-ões)	Bewunderung
		gracioso	lieblich, hold, gaziös
		alheio	fremd, fern
	o	cortejo	Gefolge, Festzug
	a	fisionomia	Gesichtsausdruck
	o	súdito	Untertan (eines Königs)

a	cara	Gesicht, Gesichtsausdruck	
a	anotação (-ões)	Aufzeichnungen, Notizen	
o	informe	Nachricht, Mitteilung	
	evitar	vermeiden	
	afinal	letztlich, schließlich	
	chatear	verärgern, *nerven*	
o	perfil	Profil	
	ligeiramente	leicht	
o	nariz arrebitado	Stupsnase	
	inferior	geringer, niedriger	
	lábio inferior	Unterlippe	
	destacar	hervorheben	
	sensual	sinnlich	
	eterno	ewig	
	ambíguo	doppeldeutig, zweideutig	
	embaraçado	peinlich berührt	
	carinhoso	zärtlich	
	despertar	erwecken, aufwecken	
	inevitável	unvermeidlich	pág. 88
	constar	aufgeführt sein, enthalten sein	
o	roteiro	Reiseplan	
o	defeito	Fehler, Defekt	pág. 89
	pleno	voll	
	em pleno trânsito	mitten im Verkehr	
	previsível	vorhersehbar	
o	carpinteiro	Zimmermann	
o	pente	Kamm	
o	intérprete	Interpret	
o	espectador	Zuschauer	
o	embaixador	Botschafter	
	reprovar	ablehnen, nicht versetzen	pág. 90
	despir	ausziehen	
o	conhecimento	Wissen, Kenntnis	
	feroz	wild, reißend	
	manso	zahm, friedfertig	
a	tesoura	Schere	
	picar	stechen	
a	agulha	(Näh)nadel	
a	cortina	Vorhang	
o	carpete	Teppichboden	
o	jornalismo	Journalismus	
o	crime	Verbrechen	
o	diploma	Zeugnis, Diplom	
o	giz	Kreide	
o	rapto	Raub, Entführung	

a	investigação (-ões)	Ermittlung, Untersuchung
o	ensino	Bildung, Unterricht
	educar	erziehen
o	noticiário	Nachrichtensendung
o	criminoso	Verbrecher, Krimineller
o	assassino	Mörder
	definitivo	endgültig, definitiv

Unidade 13

Fim de semana perdido

pág. 163

o	bate-papo	Plausch, Schwätzchen	
	ao ar livre	draußen, unter freiem Himmel	
o	subjuntivo	Konjunktiv	
	todo mundo	alle	
	embora	obwohl	pág. 164
	introduzir	einleiten, einführen	
a	expressão impessoal	unpersönlicher Ausdruck	
	provável	wahrscheinlich	
	aconselhável	ratsam, anzuraten	
	bastar	(aus-) reichen, genügen	
a	conjunção (-ões)	Konjunktion	
	para que	damit	
	a fim de que	damit	
	contanto que	insofern, vorausgesetzt dass	
	a não ser que	es sei denn	
	mesmo que	selbst wenn	
	convir	passen, zuträglich sein	
	convém que	es empfiehlt sich	
	caso	wenn, falls	
	sem que	ohne dass	
	até que	bis	
	antes que	bevor	
	saber	wissen, können, *eine Fähigkeit besitzen*	pág. 165
	ter cuidado	sich vorsehen, vorsichtig sein	
	ouvir com atenção	aufmerksam zuhören	
	paciente	geduldig	
	pagar à vista	bar zahlen	
a	instrução (-ões)	Anweisung	
o	guarda-chuva	Regenschirm	pág. 166
	molhado	nass, durchnässt	
	concordar	zustimmen, einverstanden sein	
a	sombra	Schatten	
	cortar	(ab-) schneiden, fällen	
	estar enganado	sich irren, sich täuschen	
	estar errado	fehlgehen, sich täuschen, irren	
o	recibo	Quittung, Empfangsbestätigung	
	dar uma olhada	einen Blick werfen, sich ansehen	
o	regulamento	Regelung, Regelwerk, Ordnung	
o	imóvel	Immobilie	pág. 167

	o	corretor de imóveis	Immobilienmakler
	a	distância	Entfernung
		em si	an sich
	a	exposição (-ões)	Ausstellung
pág. 168	a	faxineira	Putzfrau
		A outra noite	
pág. 169	o	vento	Wind
	a	nuvem	Wolke
	o	luar	Mondschein
		visto de cima	von oben betrachtet
		enluarado	mondbeschienen
	o	colchão (-ões)	Matratze
		alvo	bleich, weiß, rein
		irreal	unwirklich
	o	chofer	Fahrer, Chauffeur
		voltar-se	sich umdrehen
		enlamaçado	schlammig
		torpe	schmutzig, abstoßend
		puro	rein
		perfeito	vollendet, perfekt
		lindo	wunderschön
pág. 170		guiar	steuern, lenken, führen, fahren
		lentamente	langsam *Adverb*
	o	aviador	Flieger, Pilot
		saltar	aussteigen, absteigen, (ab-) springen
		pagar	zahlen, begleichen
	a	corrida	(Taxi-) Fahrt, Lauf
		sincero	aufrichtig
		veemente	begeistert, heftig, energisch
	o	autor	Verfasser, Autor
	a	crônica	Chronik *hier: kurze, journalistische Alltagserzählung*

Die journalistische crônica, die im Allgemeinen nicht als hochwertiges literarisches Genre gilt, ist in Brasilien Gegenstand des Schaffens bedeutender Schriftsteller wie Carlos Drummond de Andrade, Ruben Braga, Carlos Heitor Cony, Fernando Sabino, Cecília Meireles und Rachel de Queiroz.

		referir-se a	sich beziehen auf
	o	passageiro	Fahrgast, Passagier
pág. 171		largo	breit
		breve	kurz
pág. 172	o	interesse	Anteilnahme, Interesse
	a	atenção (-ões)	Aufmerksamkeit
	a	força	Kraft
	a	brutalidade	Grobheit, Brutalität

a	economia	Wirtschaft, Einsparung
a	preguiça	Faulheit
a	honestidade	Ehrlichkeit, Aufrichtigkeit
a	paciência	Geduld
a	facilidade	Leichtigkeit
a	delicadeza	Feingefühl, Höflichkeit
a	violência	Gewalt
o	cuidado	Achtsamkeit, Vorsicht
o	antônimo	Gegensatzwort, Antonym
o	sinônimo	sinnverwandtes Wort, Synonym
	sem querer	unabsichtlich, ungewollt
	secreto	geheim
	com naturalidade	natürlich
	por obrigação (-ões)	aus Pflichtgefühl, pflichtschuldig
	espontâneo	spontan
	às claras	offen ↔ *im Verborgenen*
	sofisticado	künstlich, ausgefeilt
	de propósito	absichtlich
	por acaso	aus Zufall
	manual	von Hand, manuell
	de imediato	sofort
	intencional	absichtlich, intentional
	de repente	plötzlich, unvermittelt
	casualmente	eventuell, gelegentlich
	prontamente	umgehend
	a mão	von Hand, manuell
	subitamente	sofort, unmittelbar
	anual	jährlich
	mensal	monatlich
	quinzenal	vierzehntäglich

Der Zweiwochenzeitraum hat in Brasilien fünfzehn –quinze– *Tage, da der erste und der letzte Tag mitgezählt werden.*

	semanal	wöchentlich	
	diário	täglich	
	semestral	halbjährlich	pág. 173
	gritar	schreien	
	morrer de	sterben vor /an	
o	exame	Prüfung	
o	discurso	Rede	pág. 174
o	erro	Fehler, Irrtum	
o	seguro	Versicherung	
o	aniversário	Geburtstag	
a	mala	Koffer	
a	barba	Bart	
	fazer questão de	auf etwas bestehen	

	fazer bem/mal	gut/nicht gut tun
	fazer de conta	vorgeben; so tun, als ob

Tietê - o rio que foge do mar

	nascer	entspringen, geboren werden
o	regato	Bach
	limpo	sauber
	sujo	schmutzig
a	metrópole	Großstadt, Metropole
	reviver	wiederaufleben
	desaguar	münden
o	limite	Grenze
a	nascente	Quelle
a	placa	Tafel, Platte
o	bronze	Bronze
	cravar	prägen
o	filete d'água	Rinnsal
a	inscrição	Inschrift, Einschreibung
a	sociedade	Gesellschaft
	geográfico	geographisch
	percorrer	durchqueren
a	vazão (-ões)	Abflussmenge
	volumoso	groß, umfangreich
	à medida	in dem Maß, in dem
a	adesão (-ões)	Hinzukommen, Anschluss, Beitritt
o	afluente	Zufluss
a	regata	Regatta
a	pescaria	Fischzug – *Angeln und Fischen*
o	povoamento	Ansiedlung
a	via	Weg, Straße
a	marcha	Marsch
a	canoa	Kanu, Boot
	escavado	ausgehöhlt
o	tronco	Stamm
a	peroba	*Baumart*
	medir	messen
o	comprimento	Länge
	transportar	befördern
a	tonelada	Tonne
a	carga	Last
	vencer	überwinden, besiegen
o	obstáculo	Hindernis
	carregar	tragen
a	navegação (-ões)	Schifffahrt
pág. 175	maioria	Mehrzahl, Mehrheit

	apesar de	trotz	
os	acidentes geográficos	geographische Unebenheiten	
	impedir	verhindern	
a	travessia	Durchfahrt, Überfahrt	
	deslizar	fließen, gleiten	
	tranqüilo	ruhig	
o	detrito	Abfall	
os	detritos domésticos	Haushaltsabfälle, -abwässer	
o	nível	Grad	
a	poluição (-ões)	Verschmutzung	
a	confluência	Zusammenfluss	
o	esgoto	Abwasser	
o	resíduo	Rückstand	
	não tratado	unbehandelt, ungeklärt	
a	reabilitação (-ões)	Wiederherstellung, Rehabilitation	
o	leito do rio	Flussbett	
	afastar	entfernen	
a	prova	Beweis	
	recuperar	wiedererlangen, wiedergewinnen	
	nadar	schwimmen, baden	
o	peixe	Fisch	
	reproduzir	fortpflanzen, reproduzieren	
	considerar	einschätzen, betrachten, berücksichtigen	
o	engenho	Zuckerfabrik	pág. 176
o	curtume	Gerberei	
o	relevo	Relief	
a	queda d'água	Wasserfall	
a	corredeira	Stromschnelle	
a	oxigenação (-ões)	Sauerstoffzufuhr	
a	rede	Netz	
o	coletor	(Abwasser-) Sammler	
a	estação (-ões) de tratamento	Klärwerk	
a	represa	Staudamm	
o	passado	Vergangenheit	
	poluir	verschmutzen	

Livro de Exercícios
Unidade 13

a	selva	Urwald	pág. 93
o	botânico	Botaniker	
a	orquídea	Orchidee	
o	bicho	Tier, Viech	
	atacar	angreifen	

	o	par	Paar
pág. 94		desabrigado	Obdachlos
	a	enchente	Überschwemmung, Hochwasser
		inundar	überschwemmen, überfluten
	o	avião (-ões) monomotor	einmotoriges Flugzeug
		acidentar-se	einen Unfall erleiden
		decolar	abheben, starten
		derrapar	ausrutschen
	o	burro	Esel
	o	trem de pouso	Fahrwerk
	a	hélice	Propeller
		escapar	entkommen
		ileso	unverletzt
	a	previsão (-ões)	Vorhersage
		alojar	unterbringen, beherbergen
	a	creche	Kinderkrippe, Kinderhort
		declarar	erklären
	a	calamidade	Not, Misstand, Notstand
pág. 95	o	bosque	*parkähnlicher* Wald ↔ mato
	o	ramo	Zweig, Ast
	o	mato	Wald, Gestrüpp ↔ *bosque*
	o	cartaz	Plakat
	o	remetente	Absender
	o	selo	Briefmarke, Siegel
	o	envelope	Umschlag
	o	destinatário	Empfänger
	a	cenoura	Mohrrübe
	o	amendoim	Erdnuss
	o	açougue	Fleischer(ei), Metzger(ei)
	o	pudim	Pudding
	a	alface	Kopfsalat
		alimentar	ernähren
		grelhar	grillen
		temperar	würzen
		lanchar	einen Imbiss zu sich nehmen
	o	pomar	Obstgarten
	o	pincel	Pinsel
	a	vassoura	Besen
	o	pêlo	Haar, Körperbehaarung, Fell, nicht menschliches Kopfhaar (<u>cabelo</u>)
	o	melão	Honigmelone
	a	azeitona	Olive
	a	melancia	Wassermelone
	a	lagoa	Lagune, See

a	cachoeira	Wasserfall
a	salsicha	(Koch-) Würstchen
o	iogurte	Joghurt
o	salgadinho	Salzgebäck

pág. 96

a	vegetação (-ões)	Vegetation
a	cerda	Borste
o	artesanato	Kunsthandwerk
o	esqui	Ski
o	campeão (-ões)	Gewinner, Champion
o	time	Mannschaft, Team
a	cerâmica	Keramik
a	auto-estrada	Autobahn, Fernstraße – *Überlandstraße mit getrennten Richtungsfahrbahnen*
	acampar	zelten, campen
o	vôlei	Volleyball
a	personagem	Figur *in einem Buch, Film*
a	excursão (-ões)	Ausflug
o	judô	Judo
o	atletismo	Leichtathletik
o	barco a vela	Segelboot
a	estátua	Statue
o	romance	Erzählung, Roman
o	músico	Musiker
a	máquina fotográfica	Fotoapparat
a	poesia	Gedicht, Poesie

pág. 97

o	tradutor	Übersetzer
o	juiz	Richter
	transferir	überweisen, übertragen, übergeben
	procurar	suchen
	à procura	auf der Suche
	iluminar	erleuchten
	divorciar-se	sich scheiden lassen
a	resistência	Widerstand
a	transparência	Durchschaubarkeit, Transparenz
a	evidência	Deutlichkeit, Offenkundigkeit, Unbestreitbarkeit
	vulgar	gewöhnlich, vulgär
	apavorar	erschrecken, Furcht einflößen
	apavorado	entsetzt
a	bota	Stiefel
o	afeto	Zuneigung

Unidade 14

pág. 177 **Agência de viagens**

a	agência de viagens	Reisebüro
	desistir de	verzichten auf
	pagar adiantado	vorab zahlen
	estar em condições	in der Lage sein
a	condição	Bedingung
	torcer o nariz	die Nase rümpfen
	arranjar	besorgen
o/a	avalista	Bürge
o	plano	Plan
a	organização (-ões)	Organisation, Verwaltung, Struktur
a	razão	Vernunft
	ter razão	Recht haben
a	oração principal	Hauptsatz
	abordar	behandeln, ansprechen

A forra do peão

pág. 182

a	forra	Rache
o	peão (-ões)	*einfacher, ungelernter* Arbeiter
o	couro	Leder
o	teto	Dach
o	pedreiro	Maurer
o	galpão (-ões)	Baracke, Schuppen
a	obra	Baustelle
o	desempregado	Arbeitsloser
	residir	wohnen
	de favor	aus Gefälligkeit
o	freguês	Kunde
	tomar coragem	Mut fassen, den Mut zusammennehmen
	ir à forra	sich schadlos halten, sich rächen
	arrombar	aufbrechen
o	pedaço	Stück, Teil
o	ferro	Eisen
	direto	direkt, schnurstracks
o	garçom	Kellner
a	refeição (-ões)	Mahlzeit
o	freezer	Tiefkühltruhe
o	frango	Hähnchen
	descongelar	auftauen
a	água corrente	fließendes Wasser
a	torneira	Wasserhahn

o	molho	Soße
o	pimentão (-ões)	Paprikaschote
a	farofa	Maniokmehl

typische brasilianische Speise aus Maniokmehl, das als Beilage zu Hauptgerichten gereicht wird.

	meticuloso	gewissenhaft
	arrumar	herrichten
	farto	reichhaltig
	solitário	einsam
o	barril	Fass
o	chope	Fassbier
	servir-se	sich bedienen
	à vontade	nach Belieben
o	bêbado	Betrunkener
a	caneca	Krug
o	morango	Erdbeere
a	lata	Blechdose
	ligar	einschalten
	esquecer	vergessen
	lembrar	erinnern
o	estômago	Magen
o	cérebro	Hirn
	carregado	beladen, *hier* benebelt
a	sacola	Tragetasche
	separar	aussortieren, beiseite legen, trennen
o	videocassete	Videogerät
o	toca-discos	Plattenspieler
o	laser	Laser
a	fita	Band
o	vídeo	Video
o	alto-falante	Lautsprecher
	revender	weiterverkaufen
a	mercadoria	Ware
o	trocado	Kleingeld
o	consumo próprio	Eigenbedarf
	amanhecer	hell werden
	pegar	nehmen, ergreifen
	pegar no sono	einschlafen
	assustar-se	sich erschrecken
	pular	springen
o	muro	Mauer
	pular o muro	über die Mauer springen
	socorro	Hilfe
	gritar por socorro	um Hilfe rufen
a	vizinhança	Nachbarschaft

	agarrar	umklammern
	segurar	festhalten
	preso	gefangen, verhaftet
a	grade	Gitter
o	inquérito	Ermittlungsverfahren
a	tentativa	Versuch
o	furto	Diebstahl
	condenar	verurteilen
a	prisão	Gefängnis
	tornar-se	werden
a	atração (-ões)	Attraktion, Anziehung
	algemar	Handschellen anlegen
o	quilômetro	km
a	ocasião	Gelegenheit
	quase	beinahe
a	enxurrada	Sturzflut, Flutwelle
a	bebedeira	Rausch
a	carroceria	Karosserie, Ladefläche
o	caminhão (-ões) basculante	Kipplaster
	basculante	Kipp-
a	terra	Erde
	despejar	ausschütten
a	biografia	Lebensgeschichte, Biographie
	render	einbringen
a	tese	wissenschaftliche Arbeit, Studie, These
	sociológico	soziologisch
o	migrante	Migrant
	destruir	zerstören
	banal	alltäglich, banal
o	trabalhador	Arbeiter
a	qualificação (-ões)	Eignung, Qualifikation
	sem qualificação	ungelernt
o	serviço braçal	körperliche Arbeit
a	construção (-ões) civil	Bauwesen
a	cidade natal	Geburtsstadt
a	foto	Foto
pág. 185 a	satisfação (-ões)	Zufriedenheit, Genugtuung
a	algema	Handschelle
	todo dia	jeden Tag, täglich
o	saco	Sack
a	alça	Trage-, Bügelgriff
o	tecido	Stoff
o	plástico	Kunststoff
	transportar	befördern, transportieren
a	quantidade	Menge

	reduzido	begrenzt, beschränkt	
a	bola	Ball	pág. 184
	lutar	kämpfen	
o	jacaré	Kaiman	
a	pia	Spül-, Waschbecken	
o	lago	See	
o	talento	Begabung, Talent	
	suficiente	genug, ausreichend	
o	susto	Schreck	
	causar	verursachen	
	aplicar	verabreichen, anwenden	
o	tapa	Schlag, Klaps	
	relacionar-se com	auskommen mit	
	numerar	nummerieren	pág. 185
o	pontapé	Fußtritt	
o	quilo	Kilo	
	planejar	planen	
o	fracasso	Reinfall, Misserfolg	
o	resultado	Ergebnis	
	rir	lachen	pág. 189
a	risada	Lachen	
	risonho	lächelnd, fröhlich	
	mentir	lügen	
	enriquecer	bereichern, anreichern	
a	fraqueza	Schwäche	
a	ignorância	Unwissenheit, Ignoranz	
	obrigatório	verpflichtend	
o	conselho	Ratschlag	
	ausentar-se	sich fortbegeben, entfernen	
o	hábito	Gewohnheit, äußere Erscheinung	
a	correção (-ões)	Verbesserung, Korrektur	
	amarrar	festbinden, anbinden	
a	cara	Gesicht, Gesichtsausdruck	
	ficar de cara amarrada	*ein versteinertes Gesicht machen*	
o	pingo	Tropfen, Tüpfelchen	
	pôr os pingos nos is	*Nägel mit Köpfen machen, Klartext reden*	
	ir por água abaixo	*den Bach runter gehen*	
	falhar	schief gehen	
	ficar de pernas para o ar	*auf den Kopf gestellt sein*	pág.190
o	abacaxi	*ein dickes Ei –wörtlich* Ananas	
	desconfiado	misstrauisch, argwöhnisch	
	de orelha em pé	*die Ohren spitzen, das Gras wachsen hören*	

	pisar	treten
	pisar em ovos	*einen Eiertanz aufführen, mit Samthandschuhen anfassen*
o	papo	Kropf
	bater papo	*ein Schwätzchen halten; plaudern*
	estar/ficar/viver com a cabeça nas nuvens	*im siebten Himmel sein, auf Wolke sieben schweben*

pág.191

Os índios do Brasil

o	descobridor	Entdecker
a	população (-ões)	Bevölkerung
	original	ursprünglich
a	redução (-ões)	Verringerung
a	doença	Krankheit
	contagioso	ansteckend
o	sarampo	Masern
a	tuberculose	Tuberkulose
a	varíola	Pocken
o	assassinato	Mord
o	suicídio	Selbstmord
o	confinamento	Einsperren, Zusammenpferchen
a	guerra	Krieg
	tribal	Stammes-
a	guerra tribal	Stammeskriege
a	língua	Sprache
	indígena	eingeboren, indigen
	no entanto	jedoch
a	reserva	Reservat
	proteger	(be-) schützen
o	governo	Regierung
	junto	zusammen, gemeinsam
	apesar de	dennoch, trotzdem
a	ação (-ões)	Handeln, Aktion
	impedir	verhindern
a	destruição (-ões)	Zerstörung
a	madeira	Holz
a	fazenda	großes Landgut
	extenso	weiträumig, weitläufig
o	gado	Rindvieh
a	ameaça	Bedrohung
	invadir	einfallen, eindringen
	perturbar	stören
o	hábitat	Lebensraum, Habitat
a	floresta	Wald, Urwald
a	cultura	Kultur
	ocupar	besetzen

	formar	bilden
a	pastagem	Weideland
a	criação (-ões) de gado	Rinderzucht
o	choque	Zusammenstoß
	oculto	verborgen
	arredio	zurückgezogen, scheu
	isolado	abgeschirmt, isoliert
	resistir	widerstehen, Widerstand leisten
a	invasão (-ões)	Invasion, Einfall
	afastar-se	sich entfernen, zurückziehen
	inacessível	unzugänglich
a	aproximação (-ões)	Annäherung
	atacar	angreifen
a	flecha	Pfeil
a	borduna	Keule
a	esfera	Bereich, Sphäre
a	economia	Wirtschaft
a	política	Politik
a	educação (-ões)	Erziehung
a	religião (-ões)	Religion
o	corte *de uma árvore*	das Fällen *eines Baumes*
a	implicação (-ões)	Auswirkung, Implikation
	religioso	religiös
	respeitar	würdigen, achten, respektieren
a	posse	Besitz
	coletivo	gemeinsam, kollektiv
	determinado	bestimmt
o	uso	Nutzung, Gebrauch
o	aldeamento	Dorf, dörflicher Verband
	caçar	jagen
	pescar	fischen
	colher	ernten
	cuidar	besorgen, sich kümmern um
a	plantação (-ões)	Pflanzen
a	produção (-ões)	Produktion
	distribuir	verteilen, aufteilen
a	realidade	Wirklichkeit
	através de	anhand, durch, mit
a	ciência	Wissenschaft
o	mito	Mythos
o	ritual	Ritus
a	pintura corporal	Körperbemalung
o	traje	Kleidung
	específico	besonderer, spezieller

pág.192

	marcar	markieren
a	comunidade	Gemeinschaft
o	espírito	Geist
o	morto	Toter
o	ser	Wesen
o	sobrenatural	übernatürlich
a	preservação (-ões)	Bewahrung, Erhalt
	civilizado	zivilisiert
a	planta	Pflanze
o	abacaxi	Ananas
o	maracujá	Passionsfrucht
a	mandioca	Maniok
o	ipê	*Baumart*
o	jacarandá	Palisander, Rosenholz
o	tatu	Gürteltier
a	piranha	Piranha
o	jacaré	Kaiman
o	urubu	Rabengeier, Aasgeier
o	tamanduá	Ameisenbär
a	extensão (-ões)	Ausdehnung
	incerto	ungewiss
	vasto	weit, ausgedehnt
a	medida	Maßnahme
a	madeira de lei	Hartholz
	realista	realistisch, wirklichkeitsnah
	refletir	nachdenken
	comentar	kommentieren

Livro de Exercícios
Unidade 14

pág. 99		prudente	vorsichtig
	o	capacete	Helm
		liberal	freizügig, liberal
	o	vagabundo	Herumtreiber, unsteter Geselle, Vagabund
pág. 101	o	primário	Grundschule
	o	enigma	Rätsel
		decifrar	entziffern
		resguardar	bewahren
		paterno	väterlich
		espantoso	erstaunlich, verblüffend
		discreto	zurückhaltend, diskret
	o	atrativo	Reiz, *anziehendes Moment*

a	charada	Rätsel, Scharade
	literário	literarisch
a	proporção (-ões)	Größenverhältnis, Proportion
o	filho caçula	Nesthäkchen, Nachzügler
a	imaginação (-ões)	Vorstellung, Einboldungskraft
	disparar	auslösen, schießen, *hier* freien Lauf lassen
a	divisão (-ões)	Teilung, Aufteilung
	humanístico	humanistisch
	intocado	unberührt
(o)	irracional	irrational; die Unvernunft
o	caos	Chaos
	desempatar	entscheiden, den Ausschlag geben, ein Unentschieden aufheben
	apartar	trennen, aussondern
a	indicação (-ões)	Hinweis, Angabe
	adaptar	anpassen

pág. 102

desquitar-se — sich trennen *vor der Scheidung*

gesetzliche Form der Trennung der ehelichen Lebensgemeinschaft, bevor die Ehescheidung in Brasilien zugelassen wurde. Mit der Trennung wurde die Zivilehe aufgelöst. Paaren, die in Trennung lebten, war eine erneute standesamtliche Eheschließung verwehrt.

a	aparelhagem de som	Stereoanlage
o	estéreo	Stereo
a	incapacidade	Unfähigkeit
	raciocinar	überlegen
	fingir	vorgeben; so tun, als ob
	valorizar	schätzen, für Wert achten
	reafirmar	bestätigen
	justo	gerecht
	acertar	treffen, *mit jemandem/etwas übereinkommen, hier* richtig lösen
	autorizar	erlauben, ermächtigen
	empatar	hindern, unentschieden lassen/spielen
	tocado	berührt
	racional	rational, vernünftig
	igual	gleich
	ajustar	anpassen
o	esforço	Anstrengung, Bemühung
o	detalhe	Kleinigkeit, Detail
	telefônico	telefonisch
	mexer	*hier* durchwühlen; bewegen
	ambos	beide
	emigrar	auswandern, emigrieren
	devolver	zurückgeben

pág. 103

pág. 104

	assassinar	ermorden
	apanhar	ergreifen, nehmen
	acostumar	gewöhnen
	habituar	gewöhnen
a	anedota	Anekdote
	alargar	erweitern, verbreitern
pág. 105	rasgar	zerreißen
	ferver	kochen
	congelar	gefrieren, einfrieren
	recordar	erinnern
	molhar	nass machen
	esfriar	abkühlen
	rir	lachen
	amassar	zerknittern, zerknüllen
	formidável	erstaunlich, überwältigend
o	argumento	Argument, Begründung
a	demonstração (-ões)	Vorführung, Demonstration

Unidade 15

	De papo pro ar	*Den lieben Gott einen guten Mann sein lassen*	pág. 193
a	beira	Ufer	
o	rio	Fluss	
	pescar	angeln, fischen	
	precisar de	brauchen, benötigen	
a	ambição (-ões)	Ehrgeiz, Streben	
	errado	falsch	
o	ofício	Beruf, Handwerk	
o	tempo	Zeit	
	perder tempo	Zeit vergeuden, verlieren	
	juntar dinheiro	Geld ansammeln	
	pé de meia	Sparstrumpf	
o	automóvel	Auto	
o	empregado	Angestellte	
	sossegado	ruhig, sorglos	
a	correria	Rennerei	
a	oração (-ões) condicional	Bedingungssatz, Konditionalsatz	pág. 194
	dançar	tanzen	
	sarar	gesund werden, heilen	
	estar contente	zufrieden sein,	pág. 195
o	milionário	Millionär	
o	jogador	Spieler	
o	futebol	Fußball	
o	prêmio	Preis, Prämie	
a	loteria	Lotterie	
o	ladrão (-ões)	Dieb	
o	acampamento	Lager, Zeltlager	
	acender	anzünden	
o	fogo	Feuer	
o	fósforo	Streichholz	
o	helicóptero	Hubschrauber	
o	piloto	Pilot	
	pentear	kämmen	pág.196
	semear	säen	
	bloquear	blockieren	
	frear	bremsen	
	recear	befürchten, argwöhnen	
	agilizar	beschleunigen	

	presentear	beschenken, ein Geschenk machen
o	desastre	Unheil, Unglück, Desaster,
	grave	schwer, schwerwiegend
	Quem semeia ventos colhe tempestades	Wer Wind sät, wird Sturm ernten
a	tempestade	Sturm, Unwetter
pág. 197	copiar	abschreiben, nachahmen, kopieren
	pronunciar	aussprechen
	renunciar	verzichten, zurücktreten
	presenciar	zugegen sein, erleben
	odiar	hassen
	destruir	zerstören
	atribuir	zuschreiben
	retribuir	erwidern
	substituir	ersetzen
	poluir	verschmutzen
	construir	(auf-) bauen, errichten
	prosseguir	fortfahren
	distribuir	verteilen
pág. 198 a	dinamite	Dynamit
o	operador de máquina	Maschinenbediener, -fahrer
a	tranqüilidade	Ruhe
o	*meio* ambiente	Umwelt
	reconstruir	wiederaufbauen
o	alimento	Nahrung
	perder	verlieren
	valer	wert sein
	medir	messen
	pedir	erbitten
	caber	hineinpassen
	seguir	folgen
a	aula	Unterricht, Unterrichtsstunde

o	trânsito	Verkehr
trânsito		– *Verkehr von Fahrzeugen*
tráfego		– *Beförderung von Waren auf Straße oder Schiene*
tráfico		– *illegaler Handel mit Waffen, Drogen, Sklaven usw.*

o	despertador	Wecker
	conseguir	erreichen
	prosseguir	weiterverfolgen, fortfahren
	perseguir	verfolgen
pág. 199	maltratado	schlecht behandelt
o	adulto	Erwachsener
	preocupado	besorgt
o	mapa	Stadtplan, Landkarte
	aborrecido	verärgert

O gato e a barata

pág. 200

o	gato	Katze
a	barata	Küchenschabe, Kakerlake
	largar	stehen lassen, verlassen, loslassen
o	canto	Ecke
	lambiscar	nippen, naschen
o	álcool	Alkohol
	o álcool sobe *à cabeça*	der Alkohol steigt *zu Kopf*
	debater-se	zappeln
	tonto	schwindlig
	tontear	schwindlig werden
	deparar-se com	sich etwas/jemandem gegenüber sehen
o	gato doméstico	Hauskatze
	sorrir	lächeln, schmunzeln
a	aflição (-ões)	Betrübnis, Bedrängnis
	salvar	retten
	engolir	verschlucken, verschlingen
	implorar	(an-) flehen
	virar	umstoßen, umkippen
a	pata	Pfote
o	líquido	Flüssigkeit
	escorrer	ausfließen, abfließen
o	buraco	Loch
a	gargalhada	Gelächter
	cair na gargalhada	in schallendes Gelächter ausbrechen
	cumprir	erfüllen, ausführen
a	promessa	Versprechen
	cumprir uma promessa	ein Versprechen halten
	conter	an sich halten, beinhalten, enthalten
	imbecil	schwachsinnig, dumm
a	fábula	Fabel
	fabuloso	fabelhaft
	reagir	sich wehren, reagieren
	esperto	schlau
	enganar	täuschen
o	desespero	Verzweiflung
o	pensamento	Gedanke
a	luta	Kampf
	confuso	durcheinander
	incomodar	stören
o/a	pianista	Pianist
	abafado	stickig, schwül
o	ingresso	Eintrittskarte

pág.201

pág. 202

a	palestra	Vortrag
	senão	sonst
pág. 203	atento	aufmerksam
o	bilhete	Zettel, Karte
a	lição (-ões)	Hausaufgabe, Lektion
	atento	aufmerksam
	com antecedência	rechtzeitig
	comportar-se	sich benehmen
a	ausência	Abwesenheit
a	rotina	Alltagsaufgabe, -ablauf, Routine
a	segurança	Sicherheit
pág. 204 a	ansiedade	Herzensangst, Begierde, Lust
a	sujeira	Schmutz
	confundir	verwechseln, durcheinander bringen
o	cansaço	Müdigkeit
	A banda	
pág. 205 a	banda	Musikkapelle
	à toa	gedankenverloren, ziellos, vergeblich
	à toa na vida	so vor sich hin
	sofrido	leidgeprüft
	sério	ernst
o	faroleiro	Leuchtturmwärter, *hier* Angeber, Aufschneider
a	vantagem	Vorteil
	contar vantagem	angeben, aufschneiden, Sprüche klopfen
a	passagem	Vorbeiziehen
	dar passagem	Vortritt gewähren
	calado	stumm, schweigsam
a	rosa	Rose
a	meninada	die Kinder,
	assanhar-se	unruhig werden, aufreizen
o	terraço	Balkon, Dachterrasse
	feio	hässlich
	debruçar-se	sich hinauslehnen
	espalhar	ausbreiten
a	lua cheia	Vollmond
	surgir	auftauchen
	enfeitar	schmücken
pág. 206 o	desencanto	Ernüchterung, Entzauberung
a	dor	Schmerz
	desocupado	nicht beschäftigt, beschäftigungslos
a	desilusão (-ões)	Enttäuschung
a	papelada	Papierkram, -stapel
	A Felicidade	
pág. 207 a	tristeza	Traurigkeit

a	felicidade	Glück
a	pluma	Flaumfeder, Daune
	voar	fliegen
	leve	leicht ↔ *schwergewichtig*
a	ilusão (-ões)	Wunschtraum, Illusion
o	carnaval	Karneval, Fasching
a	fantasia	Verkleidung
o	pirata	Seeräuber
a	jardineira	Gärtnerin
a	gota	Tropfen
o	orvalho	Morgentau
a	pétala de flor	Blütenblatt
	oscilar	schwanken
a	lágrima	Träne
	frágil	zerbrechlich
	imprevisível	unvorhersehbar
	durar	(an-) dauern
	conquistar	erobern, erringen
	solitário	einsam
o	verso	Vers
	resumir	zusammenfassen

pág. 208

O carnaval

	popular	volkstümlich
	mundial	weltweit
	oficial	offiziell
a	realidade	Wirklichkeit
	porém	jedoch
	4ª feira de cinzas	Aschermittwoch

Guerra do Paraguai
In dieser bislang größten kriegerischen Auseinandersetzung in Lateinamerika kämpften Argentinien, Brasilien und Uruguay von 1865 bis 1870 gegen Paraguay um die Vorherrschaft im La-Plata-Becken.

o	entrudo	Fasching
a	origem	Ursprung
o	fazendeiro	Eigentümer eines großen Landguts
o	peão (-ões)	Landarbeiter
o	polvilho	Stärkemehl aus Maniok
o	excesso	Auswuchs
o	salão (-ões)	Salon, *hier* Tanzsaal, Tanzhalle
	inventar	erfinden
	mostrar	zeigen
o	cordão (-ões)	Karnevalszug, Umzug
o	bumbo	*große horizontal getragene Trommel*
o	tambor	Trommel
	ensurdecedor	ohrenbetäubend

o	corso	Korso, Wagenzug
o	desfile	Umzug
a	lona	Plane, Zeltplane
a	capota	Verdeck, Wagendach
	abaixar	herunter-/herablassen
o	folião (-ões)	*Bezeichnung für* Gecken, Jecken, Narren *im brasilianischen Karneval*
o	confete	Konfetti
a	serpentina	Luftschlange
	costumar	sich angewöhnen, zur Gewohnheit machen
	manter	beibehalten
	iluminado	beleuchtet
	infernal	höllisch
a	multidão (-ões)	Menschenmenge
o	volume de som	Lautstärke
	infernal	höllisch
o	frevo	*nordostbrasilianischer Karnevalstanz*
o	ritmo	Rhythmus
o	desfile	Umzug
o	samba	Samba
	espetacular	aufsehenerregend, spektakulär
o	festejo	Feier, Feierlichkeit
a	sombra	Schatten
	sem sombra de dúvida	ohne Zweifel
pág. 210 o	cenário	Bühnenbild, Szenerie
o	morro	Hügel

Da die ersten Elendsviertel in Rio de Janeiro an den Berghängen und auf den Hügeln der Stadt entstanden sind, ist morro in Rio *ein Synonym für die Welt der favelas. Die Sambaschulen sind untrennbar mit dem* morro *verbunden, da sie auf den Hügeln von Rio entstanden und dort bis heute zu Hause sind. Die Bevölkerung der* morros *von* Rio de Janeiro *bereitet die Karnevalsumzüge selbst mit vor und nimmt während der „tollen Tage“ an den Umzügen ihrer Sambaschule teil. Die traditionsreichsten Sambaschulen, wie Mangueira oder Salgueiro, haben ihre Wurzeln auf bestimmten* morros.

o	compositor	Komponist
o	instrumentista	Musiker
o	dançarino	Tänzer
	unir-se	sich zusammenfinden
	desfilar	aufmarschieren, defilieren
a	roupa	Kleidung, Wäsche
	colorido	farbig, farbenfreudig
	listrado	gestreift
a	palha	Stroh

a	indumentária	Kleidung, Tracht

o	malandro	Gauner, Tagedieb, Taugenichts, Schlawiner

Als typische Figur Rio de Janeiros ist der malandro *nicht etwa ein Kleinkrimineller, sondern ein dandyhaft gekleideter, pfiffiger und durchtriebener Schlingel gleich welchen Alters.*

o	espetáculo	Schauspiel, Spektakel
	quase	fast
	indescritível	unbeschreiblich
a	batucada	Trommelklang
o	comerciário	Verkäufer
a	arrumadeira	Putzfrau
a	costureira	Schneiderin
o	general	General
a	dama	Dame
o	cetim	Satin
as	plumas	Federschmuck
a	lantejoula	Flitter, Glitzerschmuck
a	preparação	Vorbereitung
o	aplauso	Beifall, Applaus
o	público	Zuschauer, Publikum
a	lembrança	Erinnerung
a	máquina	Maschine
o	fogão (-ões)	Herd
o	balcão (-ões)	Ladentisch
o	resultado	Ergebnis
o	julgamento	Urteil
a	ligação (-ões)	Verbindung
	desaparecer	verschwinden
a	manifestação (-ões)	Kundgebung, Demonstration

Livro de Exercícios
Unidade 15

o	porta-malas	Kofferraum	pág. 107
o	quintal	Hinterhof	
	esconder	verstecken, verbergen	
	terrestre	Land-	pág. 109
	convencional	üblich, gewöhnlich, konventionell	
o	balão (-ões)	Ballon	
	flutuar	treiben, oben schwimmen, solweben	
	apreciar	schätzen, genießen	
o	entendido	Kenner, Schlauberger	
	emocionante	begeisternd, mitreißend	
a	aventura	Abenteuer	

	pousar	landen
a	precisão (-ões)	Genauigkeit, Präzision
o	pouso	Landung
	inesquecível	unvergesslich
o	balonista	Ballonfahrer
o	maçarico	Brenner, Lötlampe, Schweißbrenner, Schneidbrenner
	climático	klimatisch
o	cesto	Korb
pág. 110 o	dorminhoco	Schlafmütze
o	estreante	Anfänger, Debütant
	aconselhar	(an)raten
a	chama	Flamme
	eventual	möglich, eventuell
pág. 111 a	concentração (-ões)	Aufmerksamkeit, Konzentration
	desempenhar	leisten
	enervar-se	sich aufregen, nervös werden , die Nerven verlieren
	legal	legal
	ilegal	gesetzwidrig, illegal
	moral	moralisch
	colar	kleben
	obrigar	verpflichten
	acrescentar	hinzufügen
o	gasto	Kosten, Ausgabe
	remoto	entfernt
	aos montes	in rauen Mengen
	protegido	geschützt
	embarcar	einsteigen
	engradado	Lattenverschlag
a	bicharada	Viecher, Viehzeug

Unidade 16

	Português	Deutsch	
	Para você que vai se casar		pág. 211
	paciente	geduldig	
a	habilidade	Fähigkeit, Geschick	
	exausto	erschöpft	
	irritado	gereizt, verärgert	
	perturbar	stören	
o	suco	Saft	
	Aconteça o que acontecer	Was auch immer geschieht; komme, was da kommen mag	
	dedicado	aufmerksam, pflichtbewusst	
o	abraço	Umarmung	
a	amizade	Freundschaft	
	Cinco ano depois		
a	bíblia	Bibel	
a	tábua	Tafel, Brett	
o	mandamento	Gebot	
o	conselho	Ratschlag, Rat	
a	conta	Konto	
	separar-se	sich trennen	
	arrumar a mala	Koffer packen	
	abandonar	verlassen	
	sujeitar-se	sich unterwerfen, unterziehen, aussetzen	
	quando	wenn, als	pág. 212
	enquanto	solange	
	logo que	sobald	
	se	falls	
	sempre que	immer wenn	
	à medida que	in dem Maß, in dem; insoweit, insofern	
	agüentar	ertragen, aushalten	pág. 213
a	novidade	Neuheit, Neuigkeit	
	trocar de roupa	sich umziehen	
o	lucro	Gewinn	
a	bagagem	Gepäck	
	avisar	Bescheid geben/sagen	
	trancar	verriegeln, absperren, zuschließen	pág. 214
o	auxílio	Hilfe, Beihilfe	
	gratificar	belohnen	
	escolher	auswählen	

		pagar em dia	fristgerecht/pünktlich zahlen
		afundar	sinken, versenken
		de acordo	einverstanden
		salvar	retten
		doer	schmerzen, weh tun
	a	dívida	Schulden
		reconhecer	(an-) erkennen
pág. 215		diminuir	abnehmen, zurückgehen
		mudar de idéia	die Meinung ändern
	a	despedida	Abschied
	o	meio	Mitte *zwischen*
		átono	unbetont, tonlos, stumm
pág. 217	a	suspeita	Verdacht
pág. 218		recusar	ablehnen, zurückweisen
	a	oferta	Angebot
	o	sossego	Ruhe, Ungestörtheit
	o	inimigo	Feind
	o	relatório	Bericht

Natal

		sozinho	allein
	a	melancolia	Schwermut, Melancholie
		cômodo	bequem
	a	felicidade	Glück
pág. 219		afetuoso	zärtlich, gefühlsbetont
		crer	glauben, meinen
		merecer	verdienen, einer Sache würdig sein
		desembrulhar	auswickeln, auspacken
		embrulhar	einwickeln, einpacken
	a	garrafa	Flasche
	o	uísque	Whisky
	a	folhagem	Grünpflanzen, Blattpflanzen
		úmido	feucht
	o	encanto	Zauber
		sábio	weise
		agreste	rau
	a	dona de casa	Hausfrau
	o	espaço	Raum
		folhudo	beblättert, voller Blätter
		florido	blumig, blühend
		respirar	atmen
		misterioso	geheimnisvoll
	a	moita	Busch, Gebüsch
	o	gosto	Geschmack
	a	roça	Acker, Pflanzung, Land
		caipira	ländlich ↔städtisch

a	mágoa	Verbitterung, Bitterkeit	
	doloroso	schmerzlich	
	evocar	beschwören	
o	fundo	Grund, Hintergrund	
	desarrumado	unordentlich	
a	mancha	Fleck	
a	ternura	Zärtlichkeit	
	grave	feierlich	
a	honra	Ehre	
	buzinar	hupen	
o	portão	Haustor	
	hesitar	zögern	
	insistente	unablässig, unerbittlich	
o	instante	Augenblick	
a	buzina	Hupe	
	insistente	hartnäckig	
o	alvoroço	Aufregung, Erregung	
o	lixo	Müll	
o	sobrado	zwei- oder dreigeschossiges Wohnhaus	
o	mulato	Mulatte, Mischling *Kind eines weißen und eines schwarzen Elternteils*	
	de vermelho	in Rot, rot gekleidet	
	cantarolar	*vor sich hin* trällern	
	espiar	spähen	
	sujo	schmutzig	
	retardatário	verspätet	
o	ruído	Geräusch, Lärm	
	estremecer	zittern, beben	
a	frustração (-ões)	Enttäuschung, Frustration	
o	lixeiro	Müllmann	
	solitário	einsam	
	humilde	bescheiden, einfach	
	filar	abstauben, schnorren	
a	fatia	Scheibe	
o	presunto	*geräucherter oder gekochter* Schinken	
	frustado	enttäuscht, frustiert	
	simbólico	symbolisch	pág. 220
	ironizar	ironisch betrachten, der Ironie aussetzen	
o	acontecimento	Ereignis	
	entristecer	traurig machen	
	brindar	*auf das Wohl* anstoßen	
	montar	montieren, aufbauen, besteigen	pág. 221
	desarrumar	durcheinander bringen	
	preposição (-ões)	Präposition	

	ante	vor
	após	nach
	com	mit
	contra	gegen
	de	von
	em	in
	entre	zwischen
	para	für, nach, zu
	perante	vor
	por	durch
	sob	unter
	sem	ohne
	sobre	über
	segundo = conforme	nach, gemäß, laut
	exceto	ausgenommen
a	tripulação	Besatzung
a	demora	Verspätung
pág. 222 o	atraso	Verspätung
o	prisioneiro	Gefangene, Häftling
o	réu	Angeklagte
o	júri	Schwurgericht, Geschworene
o	regulamento	Regelwerk, Regeln
	de acordo com o regulamento	regelgerecht
o	atleta	Sportler, Athlet
a	medalha	Medaille
o	obstáculo	Hindernis
pág. 223 a	locução (-ões) prepositiva	präpositionale Wendung
	ao lado de	neben
	através de	durch
	apesar de	trotz
	além de	abgesehen von, außer
	a fim de	zu dem Zweck; um zu
	antes de	vor, bevor
	atrás de	nach, hinter
	junto a, junto de	neben, bei
	longe de	weit weg von
	perto de	in der Nähe von
	depois de	nach
	em vez de	statt
	em cima de	über, oben auf
	embaixo de	unter, darunter
	em lugar de	anstelle von
	por causa de	aufgrund

	de acordo com	in Übereinstimmung mit, laut, nach, gemäß	
	por trás de	hinter	
o	caderno	Heft	
o	caderno de endereços	Adressbuch	
a	contração (-ões)	Zusammenziehung, Kontraktion	pág. 224
	às claras	offen	pág. 225
	às escondidas	heimlich, versteckt	
	às pressas	hastig, übereilt	
	às vezes	manchmal, gelegentlich, ab und zu	
	sair à *moda/maneira* francesa	sich aus dem Staub machen	
a	sauna	Sauna	
o	barco a motor	Motorboot	
o	carro a álcool	Auto mit Alkoholmotor	
Frutas e árvores			pág. 226
a	laranja	Apfelsine, Orange	
a	laranjeira	Orangenbaum	
a	maçã	Apfel	
a	macieira	Apfelbaum	
o	caju	Cashew	
a	manga	Mango	
a	pera	Birne	
o	pêssego	Pfirsich	
a	banana	Banane	
a	goiaba	Guave	
a	ameixa	Pflaume	
o	coco	Kokos	
o	mamão	Papaya	
o	mamoeiro	Papayabaum	
o	abacate	Avocado	
a	uva	Traube	
a	parreira	Rebstock	
o	figo	Feige	
o	limão (-ões)	Limone	
o	limoeiro	Limonenbaum	
a	jabuticaba	Frucht der Kirschmyrthe (Myrciaria cauliflora)	
Frutas brasileiras vendidas na feira livre			
a	feira	Markt	
	feira livre	Wochenmarkt	
a	fruta do conde	Cherimoya, *Annonen-Frucht mit weißem Fruchtfleisch und schwarzen Kernen*	

	a carambola	Sternfrucht
	o maracujá	Passionsfrucht
	a jaca	Brotfrucht
	Procissão	
pág. 228	a procissão (-ões)	Prozession
	o botequim	Kneipe, Schänke
	rodar	drehen
	A Escada	
	apressado	in Eile
	a escada	Treppe, Leiter
	o poema	Gedicht
	o passo	Schritt
	regular	gleichmäßig
	o soluço	Schluckauf
	plano	flach, eben
	o degrau	Stufe
	a descida	Abstieg, Hinuntergehen
	trambolhão (-ões)	Purzelbaum
	Riquezas do Brasil: o pau-brasil e o açúcar	
pág. 229	o pau-brasil	*Brasilholzbaum (Caesalpinia echinata), dessen Holz rote Farbstoffe enthält und dem Brasilien seinen Namen verdankt*
	graças	dank
	a agricultura	Landwirtschaft
	a tinta	Farbe
	brasa	Glut
	quinhentista	des sechzehnten Jahrhunderts
	o tecido	Stoff
	a abundância	Überfluss, Fülle
	sistemático	planmäßig, systematisch
	a década	Jahrzehnt
	devastar	verwüsten
	a Mata Atlântica	Atlantischer Küstenwald
	o nordestino	Bewohner des Nordostens
	estender	ausbreiten, erstrecken
	vasto	weit *ausgedehnt*, endlos weit
	o engenho	Zuckerfabrik *Bezeichnung für landwirtschaftliche Betriebe, auf denen Zuckerrohr angepflanzt und Zucker hergestellt wird*
	a cana de açúcar	Zuckerrohr
	a presença	Vorhandensein
	o curso d'água	Wasserlauf
	a atividade açucareira	Zuckerproduktion

o	cultivo	Anbau
	estabelecer	errichten, einrichten
	rígido	starr, steif, rigide
a	casa-grande	Herrenhaus (auf dem "engenho")
a	residência	Wohnsitz
	resistente	widerstandsfähig, stabil
	governar	regieren
	magnífico	großartig, überwältigend
a	capela	Kapelle
a	cerimônia	Feierlichkeit, Zeremonie
a	missa	Messe – *nur Kirche*
o	batizado	Taufe
o	casamento	Hochzeit
o	funeral	Beerdigung
a	senzala	Sklavenhütte, -baracke
a	habitação (-ões)	Unterkunft
	em geral	im Allgemeinen
	constituir	bestehen
a	peça	Raum, Stück
	amontoar	anhäufen
a	distinção (-ões)	Unterschied
o	sexo	Geschlecht, Sex
a	moenda	(Zucker-) Mühle
a	fornalha	Siedeofen, Feuerung
a	caldeira	Siedekessel
	purgar	reinigen
	limpar	säubern
	assalariado	lohnabhängig
o	canavial	Zuckerrohrpflanzung
os	gêneros *alimentícios*	Lebensmittel
a	mandioca	Maniok
o	milho	Mais
o	feijão (-ões)	Bohne
o	nascer do sol	Sonnenaufgang
a	fabricação (-ões)	Erzeugung, Herstellung
	sustentar	tragen, stützen, aufrechterhalten
o	jesuíta	Jesuit
o	testemunho	Zeugnis
	cometer	begehen
	empreender	unternehmen
a	fuga	Flucht

pág. 230

o quilombo

Vor allem im nordostbrasilianischen Küstengebirge wurden von Sklaven, die von den engenhos *fliehen konnten,* quilombos - *Wehrdörfer errichtet. Z. T erreichten sie die Größe auf Dauer angelegter Staatswesen. Am bekanntesten ist der um 1597 auf dem Gebiet des heutigen Bundesstaates* Alagoas *entstandene* Quilombo dos Palmares, *dessen Territorium auf 27.000 km² geschätzt wird und in dem mehr als 30.000 Menschen gelebt haben sollen. Erst Ende des 17. Jahrhunderts gelang es der portugiesischen Krone diesen quilombo militärisch zu besiegen. Der heldenhafte Anführer des* Quilombo dos Palmares *hieß* Zumbi.

a	aglomeração	Ansammlung
	fugitivo	flüchtig, entlaufen
o	produtor	Hersteller
a	qualidade de vida	Lebensqualität

Livro de Exercícios Unidade 16

pág. 113	o	campeonato	Meisterschaft, Wettbewerb
pág. 114		freqüentar	besuchen, frequentieren
	a	carreira	Laufbahn, Karriere
	o	comentarista	Kommentator
pág. 115		inútil	unnütz
		essencial	wesentlich, essenziell
	o	mistério	Geheimnis
		primitivo	primitiv
	a	chapa	Blech
	o	colesterol	Cholesterin
	a	injustiça	Ungerechtigkeit
		esfalfar	sich abmühen, erschöpfen, ermüden
	o	êxtase	Verzückung, Ekstase
		compartilhar	teilen
		celestial	himmlisch
	o	microondas	Mikrowelle
	a	esteira rolante	Rollband, Laufband
pág. 116		caminhada	Spaziergang, Wandernug
		botar	legen
	o	cabide	Kleiderbügel
		acertar	treffen
		amontoado	aufgehäuft
		amontoado de roupa	Wäschehaufen
	a	varanda	veranda, Terrasse
		enferrujado	verrostet
		confessar	bekennen, beichten

o	elástico	Elastband	
	abdominal	Bauch-, Unterleibs-, abdominal	
a	prancha	Surfbrett	
a	cintilação (-ões)	Funkeln, Flimmern	
a	tecnologia	Technologie	
a	liquidação (-ões)	Ausverkauf	
	atolar-se	sich festfahren, stecken bleiben	
a	promoção (-ões)	Sonderangebot	
	volúvel	flüchtig	
	sapo	Kröte, Frosch	
	arrastar	(mit-) schleppen	
	refugiar	Zuflucht suchen, fliehen	
o	objetivo	Ziel, Gegenstand	
	relaxar	sich entspannen	
	possuir	besitzen, verfügen über	
o	fascínio	Anziehungskraft, Faszination	
a	butique	Boutique	
	proliferar	(sich) verbreiten, ausbreiten	
a	paella	Paella	
	subitamente	plötzlich, unvermittelt	
	charmoso	charmant	
o	anfitrião, -a (-ões)	Gastgeber	
o	avental	Schürze	
o	mestre-cuca	*Hobby*meisterkoch	
	revolver	rühren, durchwühlen	
o	marisco	Meeresfrucht	
	permanecer	verweilen, bleiben	
a	receita	Rezept	
	enjôo	Übelkeit	
	massagear	massieren	
	jogar fora	wegwerfen	
a	inutilidade	Nutzlosigkeit	
a	adaptação (-ões)	Anpassung	
o	executivo	Manager, leitender Angestellter	pág. 118
a	união (-ões)	Einheit	
	iludir	täuschen, etwas vormachen	
a	consciência	Gewissen, Bewusstsein	
	embrulhar	einpacken, einwickeln	
	artificial	künstlich	pág. 119
a	tristeza	Traurigkeit, Trauer	
	cozido	gekocht	
o	pão-duro	Geizhals	
	generoso	großzügig	
	estúpido	dumm, blöd	
	cru	roh	

	maduro	reif
	puxar	ziehen
	cancelar	absagen, stornieren
a	despesa	Ausgaben, Aufwendungen, Kosten
	justificar	rechtfertigen, begründen
	reduzir	verringern, reduzieren
	filmar	filmen
o	altar	Altar
o	judeu (-ia)	Jude
o	comício	Wahlkampfveranstaltung
o	santo	Heiliger
a	democracia	Demokratie
a	repressão (-ões)	Unterdrückung, Repression
a	fé	Glaube
a	oposição (-ões)	Opposition
o	deputado	Abgeordneter
	Deus	Gott
o	golpe	Staatsstreich, Putsch
a	missa	Messe *–nur Kirche*
o	voto	Stimme, Votum
o	sindicato	Gewerkschaft
a	revolução (-ões)	Revolution
	rezar	beten
	rezar a missa	*Messe* lesen
o	templo	Tempel, Gotteshaus
o	bispo	Bischof
	sagrado	heilig
o/a	comunista	Kommunist
	votar	wählen, abstimmen
pág. 120	agressivo	aggressiv
	arrumado	gepflegt, aufgeräumt
	despenteado	ungekämmt
a	circulação (-ões)	Umlauf, Verbreitung, ... hier kleine Auflage
o/a	economista	Wirtschaftswissenschaftler
o	currículo	Lebenslauf

Unidade 17

Desastre			pág. 231
a	batida	Zusammenstoß, Autounfall	
o	freio	Bremse	
	falhar	versagen, ausfallen	
	machucar	verletzen	
o	susto	Schreck	
	aborrecer	ärgern	
	para cima e para baixo	rauf und runter, hin und her	
o	seguro	Versicherung	
o	prejuízo	Schaden	
o	projeto	Projekt	pág. 233
o	relógio	Uhr	
	daqui a	in *zeitlich*,	
	recuperar	zurückerlangen, wiedergewinnen	pág. 234
o	capital	Kapital	
a	paciência	Geduld	pág. 235
	convencer	überzeugen	
a	diplomacia	Diplomatie	
o	tratamento	Behandlung	
Sua melhor viagem de férias começa em casa			pág. 236
a	surpresa	Überraschung	
	desagradável	unangenehm	
a	atração	Sehenswürdigkeit, Attraktion	
	secundário	zweitrangig	
	inútil	unnütz, nutzlos	
	supor	vermuten	
	a esmo	aufs Geradewohl	
o	engarrafamento	Stau	
o	engano	Täuschung, Irrtum, Betrug	
o	exagero	Übertreibung	
a	infra-estrutura	Infrastruktur	
o	guia de viagens	Reiseführer (Buch und/oder Person)	
	sofisticado	ausgetüftelt	
	detalhado	detailliert	
a	relação (-ões)	Beziehung	
	válido	gültig	
	sobretudo	vor allem	
	desperdiçar	verschwenden, vergeuden	

		excessivo	übermäßig
	o	combustível	Kraftstoff, Treibstoff
	a	diversidade	Verschiedenheit
		optar	aussuchen
	a	estância hidromineral	Kurbad
		excitação (-ões)	Aufregung
		caudaloso	wasserreich, viel Wasser führend
		asfaltar	teeren, asphaltieren
	a	mudança	Änderung
		freqüente	häufig
		portanto	folglich
		fundamental	grundlegend, entscheidend
		refeito	erholt
pág. 237	o	concurso	Ausschreibung, Wettbewerb
		mexer	anfassen
pág. 239		internacional	international
		largar	liegen-, los-, zurücklassen
		estranho	fremd
	a	providência	Vorbereitung, Vorsichtsmaßnahme
pág. 240		introduzir	einführen
		estrutura da frase	Satzbau
pág. 242	o	cruzeiro	Kreuzfahrt
pág. 243	o	piquenique	Picknick
	o	xarope	Aufguss, Sirup
	a	tosse	Husten
		logo que	sobald
pág. 244	o	cálculo	Berechnung
	a	passagem	Fahrkarte, Flugschein
	o	marceneiro	Schreiner, Tischler
	a	grama	Rasen
pág. 246		concluir	abschließen, fertig werden
		traduzir	übersetzen
		esculpir	bildhauern
		administrar	verwalten
		cobrar	kassieren, einfordern
pág. 247	o	cabeleireiro	Friseur
		costurar	nähen
	o	piano	Klavier
	o	violino	Geige
	o	violão (-ões)	Gitarre
	a	arte	Kunst
	a	massagem	Massage

Asa branca

	a	asa	Flügel
		bater asas	ausfliegen

	arder	brennen	
o	tamanho	Größe	
	tamanho	so groß	
a	judiação (-ões)	Gemeinheit, Quälerei, Verhöhnung	
o	braseiro	Glut, Kohlenbecken	pág. 248
a	fornalha	Ofen	
o	pé	Fuß *–hier* einzelne Pflanze, *z. B.* um pé de feijão	
a	plantação (-ões)	Pflanzung	
o	gado	Vieh	
o	alazão (-ões)	Fuchs – *Pferd*	
a	légua	Meile	
a	solidão (-ões)	Einsamkeit	
	espalhar	ausbreiten, verbreiten	
	assegurar	versichern, beteuern	
	popular	volkstümlich	
o	ritmo	Rhythmus	
a	seca	Trockenheit, Dürre	
	atingir	berühren, (be-) treffen	
	periódico	in regelmäßigen (Zeit-) Abständen, periodisch	
	apontar	zeigen, hinweisen	
o	fato	Tatsache	
	significativo	bedeutungsvoll	
o	sertanejo	*Bewohner des Sertão*	
Garota de Ipanema			
a	graça	Charme, Gnade	
	dourado	golden, goldig	
o	balanço	Wiegen, wiegender Gang	
o	sol	Sonne	
	balançado	Wiegen des Körpers	
	encher	füllen	
a	passagem	*hier* Abschnitt	pág. 249
a	canção (-ões)	Lied	
	justificar	begründen, rechtfertigen	
a	idéia	Ahnung, Idee	
o	efeito	Wirkung	
	provocar	hervorrufen, provozieren	
Riquezas do Brasil: o café			
a	mineração (-ões)	Bergbau	
	em meados	in der Mitte *zeitlich*	
a	mina	Bergwerk	
	decadente	niedergehend, dekadent	
	surgir	entstehen, auftauchen	

a	cultura do café	Kaffeeanbau
	cafeeiro	Kaffeebaum
	estender	ausbreiten
a	terra-roxa	rote Erde
	fértil	fruchtbar
a	terra cansada	ausgelaugter Boden
o	plantio	Anbau
	tomar	nehmen
o	rumo	Richtung
a	decadência	Niedergang, Verfall, Dekadenz
	cobrir	bedecken, decken
a	estrada-de-ferro	Eisenbahnlinie
a	mão-de-obra	Arbeitskraft
a	abolição (-ões)	Abschaffung der Sklaverei
a	imigração (-ões)	Einwanderung
o	colono	Kolonist – *eingewanderter Kleinbauer oder Landarbeiter*
a	colônia	Kolonie – *Ansiedlung von Kleinbauern oder Landarbeitern*
pág. 250 o	hábito	Gewohnheit
a	aristocracia	Adel, Aristokratie
o	barão (-ões)	Baron
	acumular	anhäufen
	verdadeiro	echt, wirklich, wahr
os	nobres	Adlige
	abastado	wohlhabend, vermögend
	provinciano	provinziell
a	cidade provinciana	Provinzstadt
	acanhado	eng, beschränkt
	tornar-se	sich verwandeln, werden zu
a	mansão (-ões)	Villa
o	palacete	kleiner Palast, Stadtpalast
	ceder	abtreten, weichen
a	sede	Sitz
o	símbolo	Symbol
o	poder	Macht
	deturpar	entstellen, verfälschen
	abalar	erschüttern, ins Wanken bringen
a	influência	Einfluss
a	massa	Masse

Livro de Exercícios
Unidade 17

	expor	ausstellen, darlegen	pág. 121
o	porta-retrato	Wechselrahmen	
a	inovação (-ões)	Neuerung, Innovation	
o	evento	Ereignis	
	com freqüência	häufig, regelmäßig	pág. 122
o	eleitor	Wähler	pág. 124
a	preocupação (-ões)	Besorgnis, Sorge	pág. 125
	detalhar	genau angeben/aufführen	
	restar	ausstehen, übrig bleiben	
	recomeçar	erneut beginnen	
	fabricar	herstellen	
	fornecer	liefern	
	salarial	Lohn-	
a	dedicação (-ões)	Hingabe, Widmung	
o	dividendo	Dividende	
	efetuar	durchführen, vornehmen	
	analisar	analysieren	
a	cifra	Ziffer, Zahl	
a	observação (-ões)	Anmerkung, Beobachtung	pág. 126
	esclarecer	erläutern, erklären	
	finalizar	beenden, abschließen	
a	cota	Anteil, Quote	
a	remessa	Sendung, Lieferung	
	dramático	dramatisch	
	saldar	begleichen	
	divorciado	geschieden	
	separado	getrennt	
o	solteiro	unverheiratet, ledig, Junggeselle	pág. 127
o	viúvo	Witwer	
	jurídico	juristisch	
	meter	stecken	
	somente	nur, ausschließlich	
	só	allein	
	enfiar	(hinein-) stecken	
	calar-se	schweigen	
	pertencer	gehören	
	ameaçar	(be-, an-,) drohen	
o	imposto	Steuer	
	arrepender-se	bereuen	
	parecer-se	ähnlich sein	
	prejudicar	schaden, benachteiligen	

o	moleque	Junge, Bengel, Frechdachs
a	trovoada	Donnerwetter
o	trovão (-ões)	Donner
o	relâmpago	Blitz
o	temporal	Gewitter
a	brisa	Brise, Lüftchen
a	ventania	stürmischer Wind
o	granizo	Hagel
o	tufão (-ões)	Taifun, Wirbelsturm

Unidade 18

	Como? Fale mais alto!		pág. 251
a	droga	*hier umgangssprachlich* Mist	
	levar a mal	übel nehmen	
a	véspera	Vorabend, Vortag	pág. 252
a	chácara	kleiner Bauernhof, Landhaus	
	perder a cabeça	den Kopf verlieren, durchdrehen	
o	zelador	Hausmeister	pág. 255
o	capitão, (-ães)	Kapitän	
a	linguiça	Schweinswurst	
a	venda	Kneipe, Bude *kleines Lebensmittelgeschäft, oft mit Ausschank*	
o	vendeiro	*Eigentümer einer "venda"*	
o	patrão (-ões)	Herr, Patron *– auch als Anrede von Kunden*	
	narrar	erzählen	pág. 256
	especificar	genau erklären, spezifizieren	
a	hora extra	Überstunde	pág. 258
o	criminoso	Verbrecher, Krimineller	
o	ferido	Verletzter, Verwundeter	
	comentar	sprechen über, kommentieren	
a	proposta	Vorschlag	
o	particípio	Partizip	
	abundante	reichhaltig	
a	encomenda	Bestellung	pág. 259
o	povo	Volk, Bevölkerung	
o	estoque	Lagerbestand	pág. 260
	sacudir	schütteln, erschüttern	
o	terremoto	Erdbeben	
	admitir	einstellen, zulassen, zugeben	
o	datilógrafo	Schreibkraft	
	consertar	reparieren	
	sublinhar	unterstreichen	pág. 261
	calcular	(be-) rechnen	
	desapropriar	enteignen	
	avistar	erblicken	
o	representante	Vertreter	
	necessitar	benötigen	
	desligar	abschalten	
	trocar	(aus-) tauschen, wechseln	

	regular	regulieren
	publicar	veröffentlichen, publizieren
pág. 262	criticar	kritisieren
	decorar	dekorieren
	propor	vorschlagen
o	presente	Anwesender
	acolher	empfangen, aufnehmen
o/a	especialista	Fachkraft, Fachmann, Spezialist
	orientar	beraten, orientieren
	encerrar	abschließen, beenden
	recolher	einsammeln
o	material	Material, Zeug

Segurança

pág. 263 o	ponto de venda	*hier* Verkaufsargument
o	condomínio	*geschlossene Wohnsiedlung, Gebäude mit Eigentumswohnungen*
a	segurança	Sicherheit
o	play-ground	Spielplatz
a	piscina	Schwimmbad, Swimmingpool
	cercado	umgeben, umzäunt
o	portão (-ões) principal	Haupttor
o	guarda	Wächter
a	guarda	Kollektiv – Gruppe von Wächtern zum Schutz eines Besitzes oder einer Person, Bewachung
	cão de guarda	Wachhund
	controlar	überwachen, kontrollieren
o	circuito	Schaltkreis
o	circuito fechado de TV	Kameraüberwachungssystem
o	visitante	Besucher
	devidamente	ordnungsgemäß
	identificado	ausgewiesen, identifiziert
	crachar	mit Namensschild/Zugangsausweis versehen
o	assalto	Überfall
a	torre	Turm
	ao longo	entlang
a	inspeção (-ões)	Aufsicht, Überwachung, Inspektion
	rigoroso	gründlich
o	crachá	Namensschild, Zugangsausweis
a	babá	Kindermädchen
o	bebê	Kleinkind, Baby
	eletrificar	elektrifizieren
o	protesto	Protest, Aufschrei
a	tensão (-ões)	Spannung

o	fio de alta tensão	Hochspannungsleitung, – draht
	eletrocutar	durch Stromschlag hinrichten = auf dem elektrischen Stuhl hinrichten
o	batalhão (-ões)	Bataillon
a	ordem	Befehl
	atirar	schießen
	matar	töten
a	grade	Gitter
	ultrapassar	überwinden, überschreiten
a	patrulha	Patrouille
a	cerca	Zaun
o	arame farpado	Stacheldraht
	erguer	errichten
o	perímetro	Umfang, Umkreis, Gebiet
o	perímetro urbano	Stadtgebiet
	engradar	vergittern
o	mínimo possível	so wenig wie möglich
o	revólver	Revolver
	apontar para	richten, zielen auf
a	nuca	Nacken, Genick
	roubar	rauben
	demorado	langwierig
a	entrada	Eingang, Einfahrt
a	saída	Ausgang, Ausfahrt
	expresso	ausdrücklich
o	suborno	Bestechung
	reforçar	verstärken
a	área de segurança máxima	Hochsicherheitsbereich
	predeterminado	vorherbestimmt
	severo	streng
a	vigilância	Aufsicht
	temer	fürchten
	espiar	spähen, auskundschaften
	agarrar	umklammern, festhalten
	surgir	auftauchen
o	motim	Aufstand, Meuterei
	constante	andauernd, beständig
o	condômino	*Bewohner und/oder Miteigentümer eines* condomínio
	submeter	unterziehen, unterwerfen,
a	exigência	Anforderung
o	entusiasmo	Begeisterung
	honesto	ehrlich
os	familiares	Familienangehörige, Verwandte

pág. 264

		pretender	vorhaben
pág. 268		tencionar	beabsichtigen
		consentir	einwilligen
		arriscar	wagen, riskieren
		discordar	anderer Meinung sein, widersprechen
		apto	geeignet
pág. 269		prejudicial	schädlich
		semelhante	ähnlich
	a	estante	Regal
pág. 270	o	público	Publikum
	a	piada	Witz
	o	cômico	Komiker
	a	instrução (-ões)	Anweisung
pág. 271	a	sugestão (-ões)	Anregung, Vorschlag
		bater *na máquina de escrever*	*mit der Schreibmaschine* tippen
pág. 272	o	provérbio	Sprichwort
	o	ferreiro	Schmied
	o	espeto	Spieß
	o	pau	Holz
		mole	weich
		furar	durchbohren
	o	grão, -ãos	Korn
	a	galinha	Huhn
	o	papo	Kropf
	a	caça	Jagd
	o	caçador	Jäger
	o	entendedor	*derjenige, der versteht*
	o	cavalo	Pferd
	o	gigante	Riese
	o	gato	Katze
pág. 273	**Símiles**		
	o	diabo	Teufel
	o	raio	Blitz
	o	fel	Galle
		leve	leicht ↔ schwer (Gewicht)
	a	pluma	Feder, Daune
	o	breu	Teer, Pech
	o	carvão (-ões)	Kohle
		magro	mager
	o	palito	Streichholz, Zahnstocher
		surdo	taub
	o	mel	Honig
		pesado	schwer ↔ leicht (Gewicht)
	o	chumbo	Blei

	tremer	zittern	
a	vara	Zweig	pág. 274
o	piche	Pech	
a	flecha	Pfeil	
a	seda	Seide	
o	urubu	Aasgeier	
o	fantasma	Gespenst	
o	regime	Abmagerungskur, Diät	
	enxergar	sehen, erkennen, ausmachen	

A imigração e o povoamento do sul do Brasil

o	povoamento	Besiedlung	pág. 275
a	ocupação (-ões)	Beschäftigung	
o	imigrante	Einwanderer	
a	possibilidade	Möglichkeit	
	dedicar	widmen	
a	origem	Ursprung	
o	descendente	Nachkomme, Nachfahr	
	participar	teilnehmen	
	predominante	vorrangig	
	rural	ländlich	
	concentrar	konzentrieren	
	ao redor	um – herum	
	dedicar	widmen,	
a	hortaliça	Gemüse	
a	horticultura	Gemüseanbau	
o	cinturão (-ões) verde	Grüngürtel	
o	abastecimento	Versorgung	
	alagadiço	Überschwemmungs	
o	espírito pioneiro	Pioniergeist	
o	impulso	Impuls, Anregung	
a	pimenta-do-reino	roter Pfeffer	
o	eslavo	Slawe, slawisch	
o	sírio	Syrer, syrisch	
o	libanês	Libanese, libanesisch	
o	domínio	Herrschaft	
	registrar	eintragen, verbuchen	
o	turco	Türke, türkisch	
	fixar	festigen, sich niederlassen	
	assimilar	anpassen, assimilieren	
o	agricultor	Landwirt	
a	parte integrante	fester, integraler Bestandteil	
o	austríaco	Österreicher, österreichisch	
o	sueco	Schwede, schwedisch	

	o	holandês	Holländer, holländisch
	a	imigração (-ões)	Einwanderung, Immigration
		adotar	annehmen, adoptieren
	o	fator	Faktor
	a	nacionalidade	Staatsangehörigkeit
		povoar	bevölkern, besiedeln
	a	emigração (-ões)	Auswanderung

Livro de Exercícios
Unidade 18

pág. 129	a	mensagem	Nachricht
	a	secretária eletrônica	Anrufbeantworter
pág. 132	a	briga	Streit
	o	centroavante	Mittelstürmer
		colossal	gewaltig, kolossal
	o	desânimo	Mutlosigkeit, Entmutigung
		decretar	bestimmen, verordnen
	o	crioulo	Kreole, *umgangssprachlich* Schwarzer
		moderado	gemäßigt, moderat
	a	vingança	Rache, Vergeltung
		impensável	undenkbar
	a	clareira	Lichtung
	o	canhão (-ões)	Kanone
		chutar	schießen (Fußball)
	a	cabeçada	Kopfstoß, Kopfball
	o	cigano	Zigeuner
		a seu respeito	über ihn, ihn betreffend
	a	aclamação (-ões)	Zuruf, Beifall, Akklamation
	a	vaia	Spott, Hohn, Schmähruf
	o	grito	Schrei
	o	incentivo	Anreiz, Ansporn, Anregung
		apitar	pfeifen
	a	contenda	Gefecht, Auseinandersetzung
		tenso	(an-) gespannt
	o	forasteiro	Fremder, Reisender
pág. 133	o	foguete	Feuerwerkskörper
		misturado	gemischt
	a	torcida	Fans, Fanblock
	a	gritaria	Geschrei
	o	conversador	Schwätzer
pág. 134	o	passe de mágica	Zauberkunststück
	o	passe	Pass, Zuspiel

a	vítima	Opfer	pág. 135
	identificar	identifizieren	
	prender	festnehmen, festhalten	
a	ciclovia	Fahrradweg	pág. 136
	interditado	gesperrt	
o	surfe	Wellenreiten	
o	*bodyboard*	Bodyboard	
a	aclimatação (-ões)	Eingewöhnung, Akklimatisierung	pág. 137
	tropical	tropisch	
	movimentado	belebt, bewegt	
	deslumbrante	überwältigend	
	entretanto	jedoch, hingegen	pág. 138
	sustentar	stützen, abstützen	
a	zona azul	Parkzone	pág. 139

Livro de Exercícios
Fonética

	átono	unbetont
	Fonema	Laut
a	fonética	Phonetik
	fonético	phonetisch
a	grafia	Schreibweise, Schrift, Graphie
a	lingüística	Sprachwissenschaft, Linguistik
a	sílaba	Silbe
	tônico	betont
a	vogal	Vokal
a	fera	Biest
o	penhor	Pfand
a	penhora	Pfändung
o	piso	Fußboden, Stockwerk
o	porte	Umfang, Tragen von Waffen, Porto
	prolongar	verlängern, dehnen
a	consoante	Konsonant
	contíguo	aneinanderliegend, angrenzend
o	dígrafo	Digraph – *Verbindung von zwei Buchstaben, die einen Laut wiedergeben*
	estável	stabil
o	investidor	Investor
	nasalizado	nasaliert
a	semivogal	Semivokal, Halbvokal
	vocálico	selbstlautend, vokalisch
o	alho	Knoblauch

	dificultar	erschweren
	exsudar	ausschwitzen, schwitzen
	luxuoso	luxuriös
a	regra	Regel
a	afta	Afte
a	amnésia	Gedächtnisschwund, Amnesie
a	articulação (-ões)	Artikulation, deutliche Aussprache
a	atmosfera	Atmosphäre
o	cáctus	Kaktus
a	hipnose	Hypnose
a	pronúncia	Aussprache
	romântico	romantisch
o	segmento	Abschnitt, Segment
o	agrupamento	Gruppierung
	corrido	flüssig
a	juntura	Junktur
	lateral	Seiten-
o	vocábulo	Vokabel
	complexo	komplex
a	oração (-ões) declarativa	Aussagesatz
a	entonação (-ões)	Tongebung, Intonation
o	enunciado	Aussage, Behauptung
a	melodia	Melodie
a	oscilação (-ões)	Schwingung, Schwankung
a	pausa	Pause
	sobressair	hervorheben
	ascendente	aufsteigend
a	duração (-ões)	Dauer
	exclamativo	Ausrufungs-
a	intensidade	Stärke, Intensität
	oxítono	Oxytonon – *Wort mit Akzent auf der Endsilbe.*
	paroxítono	Paroxytonon – *Wort mit Akzent auf der vorletzten Silbe*
	proparoxítono	Proparoxytonon – *Wort mit Akzent auf der drittletzten Silbe*
o	acento	Akzent
	gráfico	grafisch
	penúltimo	vorletzter
a	tonicidade	Betonung
a	equivalência	Entsprechung, Äquivalenz
a	síntese	Synthese
	sonoro	stimmhaft
	personalizado	individuell

LER FAZ A CABEÇA

Uma série de "textos brasileiros" autênticos, ordenados em grau crescente de dificuldade lingüística.

Cada volume tem entre 80 e 96 páginas.

Volume 1: Luís Fernando Veríssimo. Paulo Mendes Campos. Ana Lúcia E.F. Valente. Carlos Eduardo Novaes. Érico Veríssimo. ISBN 85-12-**54100**-8

Volume 2: Paulo Mendes Campos. Monteiro Lobato. Luís Fernando Veríssimo. Machado de Assis. Luiz Vilela. Gervásio Lobato. ISBN 85-12-**54110**-5

Volume 3: Dinah S. de Queiróz. Luís Fernando Veríssimo. Luiz Vilela. José J. Veiga. ISBN 85-12-**54120**-5.

Volume 4: Chico Anísio. Moacyr Scliar. Marina Colassanti. Carlos Heitor Cony. Wander Piroli. Paulo Mendes Campos. ISBN 85-12-**54130**-X

Volume 5: Rubem Braga. Carlos Eduardo Novaes. Marcus Vinicius Gasques. Chico Anísio. Elias José. ISBN 85-12-**54140**-7

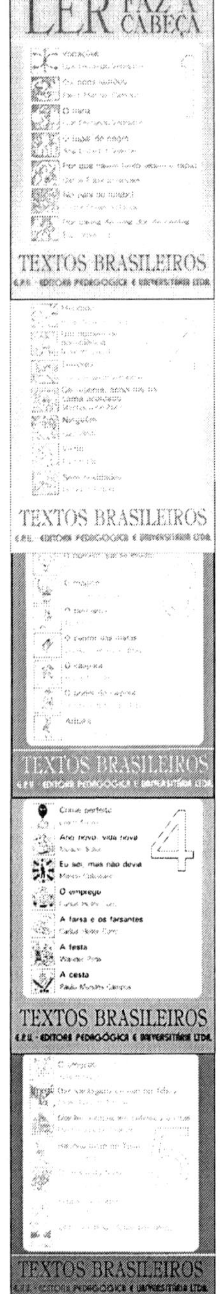

Cada livro contém 5 a 6 textos de escritores brasileiros que contam em linguagem moderna a vida do Brasil rural, do Brasil das grandes metrópoles, do Brasil das florestas tropicais. Através destes textos o leitor pode formar uma visão da cultura e do folclore, do espírito do povo e dos problemas sociais do Brasil, e suas origens históricas e condicionamentos geográficos. Antes de iniciar os vários exercícios (de aprofundamento gramatical), são colocadas tarefas de compreensão do conteúdo do texto de cada história.

A seguir – e partindo do texto – são apresentados:

- exercícios gramaticais
- atividades para ampliação do vocabulário
- regras para a formação de palavras novas
- sugestões para a discussão de temas controversos (ecologia, transformação social, racismo etc.)
- jogos de (com) palavras cruzadas
- e muitos outros.

O vocabulário que excede os conhecimentos básicos pressupostos é explicado em notas de rodapé ou através de desenhos marginais.

As respostas de todos os exercícios se encontram no final de cada texto.

Breves bio-bibliografias dos autores dos textos completam o volume.

PRATA DA CASA

Vida e cultura brasileira nos melhores textos de português como língua estrangeira.

Cada volume tem entre 44 e 56 páginas + 4 páginas de encarte

Um grande problema enfrentado por professores e alunos de português como língua estrangeira é a inexistência de material de leitura adequado aos níveis elementares do aprendizado. A coleção ***Prata da Casa*** surgiu para resolver esse problema. Ela foi criada e desenvolvida por Vera Levy, professora com grande experiência no ensino de português para estrangeiros, e por Eduardo Amos, consagrado autor de livros didáticos e paradidáticos para escolas de primeiro e segundo graus no Brasil.

O Brasil em todas as cores

A coleção ***Prata da Casa*** revela, para o aluno, as múltiplas facetas da vida e da cultura brasileiras. Os textos focalizam aspectos da história, geografia, lendas e folclore, arte, política, ciência e curiosidades em geral. O ponto forte da coleção ***Prata da Casa*** é a apresentação de situações bem humoradas que traduzem particularidades do comportamento do brasileiro no dia-a-dia; o jeitinho brasileiro, a informalidade, a hospitalidade, as superstições etc. As lendas que encerram cada volume da coleção mostram toda a riqueza e encantamento da mitologia indígena.

Primeiro estágio

Volume 1-1: Cumprimentos – Brasil – São Paulo – Semana de 22 – Pedidos de favor – Cafezinho – Brasil: divisão geográfica – Butantã – Portinari – A lenda do guaraná. ISBN 85-12-**54810**-X

Volume 1-2: Senhor ou você? – JK, o Presidente dos Anos Dourados – Serra da Graciosa – Carlos Drummond de Andrade – Dinheiro brasileiro – Brasil: o país do futebol – Os japoneses no Brasil – Rodeios – A origem das escolas de samba – A lenda da vitória régia.
ISBN 85-12-**54820**-7

Volume 1-3: Amigo – Estrada do Sol – Mauricio de Souza – Independência do Brasil – Chapada dos Guimarães – Os alemães no Brasil – Caruaru – Santos Dumont – Aparecida do Norte – Iara, a Mãe D'água. ISBN 85-12-**54830**-4

Volume 1-4: Horário brasileiro – População brasileira – Saci Pererê – Monteiro Lobato – Os italianos no Brasil – Fernando de Noronha – Superstição – Osvaldo Cruz – A Páscoa – Caapora, o senhor das matas.
ISBN 85-12-**54840**-1

Segundo estágio

Volume 2-1: Diminutivo – Festa Junina – Brasília – Oscar Niemeyer – O Cerrado – O Tenentismo – Bossa Nova – O Café – Romeu e Julieta – O nascimento das estrelas. ISBN 85-12-**54850**-9

Volume 2-2: Tarsila do Amaral – Entradas e bandeiras – Machado de Assis – O ciclo da borracha – Costa Marques – Marechal Rondon – Noel Rosa – Jeitinho brasileiro – Folclore – Como apareceram os bichos. ISBN 85-12-**54860**-6

Volume 2-3: A caatinga e o cangaço – Ibicaba – Jorge Amado – A educação no Brasil – Janta com a gente – Juréia – Um dois, feijão com arroz – Mulher rendeira – O São Francisco e sua gente – O corpo de Mani. ISBN 85-12-**54870**-3

Volume 2-4: Climas do Brasil – Recife – Tom Jobim – Procrastinação – Os índios do Brasil – Sabedoria popular – Padre Cícero – Pantanal – Salvador, a primeira capital – As lágrimas de Potira.
ISBN 85-12-**54880**-0

impresso na
press grafic
editora e gráfica ltda.
Rua Barra do Tibagi, 444
Bom Retiro – CEP 01128-000
Tels.: (011) 221-8317 – (011) 221-0140
Fax: (011) 223-9767